T0129789

essentials

essentials liefern aktuelles Wissen in konzentrierter Form. Die Essenz dessen, worauf es als „State-of-the-Art" in der gegenwärtigen Fachdiskussion oder in der Praxis ankommt. *essentials* informieren schnell, unkompliziert und verständlich

- als Einführung in ein aktuelles Thema aus Ihrem Fachgebiet
- als Einstieg in ein für Sie noch unbekanntes Themenfeld
- als Einblick, um zum Thema mitreden zu können

Die Bücher in elektronischer und gedruckter Form bringen das Fachwissen von Springerautor*innen kompakt zur Darstellung. Sie sind besonders für die Nutzung als eBook auf Tablet-PCs, eBook-Readern und Smartphones geeignet. *essentials* sind Wissensbausteine aus den Wirtschafts-, Sozial- und Geisteswissenschaften, aus Technik und Naturwissenschaften sowie aus Medizin, Psychologie und Gesundheitsberufen. Von renommierten Autor*innen aller Springer-Verlagsmarken.

Weitere Bände in der Reihe https://link.springer.com/bookseries/13088

Ralf Bogdanski · Cathrin Cailliau, M. Sc.

Kombinierter KEP-Verkehr mit öffentlichen Nahverkehrsmitteln

Einsatz auf der letzten Meile in Ballungsräumen

Prof. Dr.-Ing. Ralf Bogdanski
Technische Hochschule Nürnberg Georg
Simon Ohm
Nürnberg, Deutschland

Cathrin Cailliau, M. Sc.
Technische Hochschule Nürnberg Georg
Simon Ohm
Nürnberg, Deutschland

ISSN 2197-6708   ISSN 2197-6716 (electronic)
essentials
ISBN 978-3-658-37124-1   ISBN 978-3-658-37125-8 (eBook)
https://doi.org/10.1007/978-3-658-37125-8

Die Deutsche Nationalbibliothek verzeichnet diese Publikation in der Deutschen Nationalbibliografie; detaillierte bibliografische Daten sind im Internet über http://dnb.d-nb.de abrufbar.

Planung/Lektorat: Susanne Kramer
Springer Gabler ist ein Imprint der eingetragenen Gesellschaft Springer Fachmedien Wiesbaden GmbH und ist ein Teil von Springer Nature.
Die Anschrift der Gesellschaft ist: Abraham-Lincoln-Str. 46, 65189 Wiesbaden, Germany

Was Sie in diesem *essential* finden können

- Ganzheitliche Betrachtung von Realisierungschancen möglicher Nachhaltigkeitspotentiale in der KEP-Logistik durch ÖPNV-Integration in die erste und letzte Meile
- Ersatz konventioneller KEP-Zustelltouren in Städten und Ballungsräumen durch Kombinierten Verkehr im Personen-Güter-Mischbetrieb und Lastenradeinsatz auf der allerletzten Meile
- Untersuchung aller gängigen ÖPNV-Verkehrsmittel auf ihre Eignung als Logistikfahrzeug
- Komplett neuer Ansatz zur Bewertung der logistischen Eignung von ÖPNV-Haltestellen und Bahnhöfen
- 14 Handlungsfelder sowie Forschungs- und Regelungsbedarfe einer KEP-ÖPNV-Integration

Vorwort

Der politische Wunsch ist klar: Stadtgebiete und Ballungsräume sollen verkehrlich entlastet werden. Eine Möglichkeit wird im nachhaltigen Warentransport mithilfe der vorhandenen ÖPNV-Verkehrssysteme gesehen. Dazu fand am 19.11.2020 im Bundesministerium für Digitales und Verkehr ein Runder Tisch „Warentransport via ÖPNV" als Auftaktveranstaltung für weitere Aktivitäten statt. Im Prinzip ist dies der politische Wunsch nach einer bislang nicht existenten Sonderform des Kombinierten Verkehrs (KV) auf der ersten und letzten Meile. Kombinierter Verkehr findet bisher nur im Güterfernverkehr statt. In der Praxis führt dieser politische Auftrag zu vielen offenen Fragen, denen sich dieses *essential* widmet. So muss unter anderem geklärt werden, welche logistischen Anforderungen öffentliche Verkehrsmittel und die bauliche Infrastruktur der Bahnhöfe und Haltestellen überhaupt erfüllen müssen, um für einen Behälterumschlag geeignet zu sein. Viele weitere prozessuale, rechtliche und betriebswirtschaftliche Handlungsfelder und Lösungsmöglichkeiten werden am konkreten Beispiel der KEP-Logistik systematisch aufgezeigt. Im Frühjahr 2022 erschien beim Bundesverband Paket und Expresslogistik e. V. (BIEK) eine Studie der Verfasser zur Thematik des *essentials,* in deren Rahmen ein Expertenpanel aus der KEP-Branche und der ÖPNV-Branche zur Akzeptanz einer Integration von ÖPNV-Verkehrssystemen auf der ersten und letzten Meile der KEP-Logistik befragt wurde. Insgesamt lässt sich festhalten, dass alle befragten Expertinnen und Experten grundsätzlich offen dafür sind, einen integrierten KEP-ÖPNV-Verkehr im Personen-Güter-Mischbetrieb auf der letzten Meile zu erproben und die zentralen Annahmen des *essentials* unterstützt werden.

Prof. Dr.-Ing. Ralf Bogdanski
Cathrin Cailliau, M. Sc.

Einleitung

Nachhaltige kommunale Wirtschaftsverkehrskonzepte müssen drei Zielsysteme berücksichtigen: Logistische Effizienz und Wirtschaftlichkeit aus Sicht der Unternehmen, bestmögliche Verkehrsflüsse und niedrige Emissionen aus Sicht der Kommunen sowie ein attraktives und sicheres Lebensumfeld aus Sicht der Bürger. Für die Erreichung von Nachhaltigkeitszielen in diesen drei Dimensionen können fünf Nachhaltigkeitsprinzipien angewendet werden: Effizienz, Suffizienz, Substitution, Konsistenz und Vorsorge. Das Effizienzprinzip zählt zur „DNA" der KEP-Logistik. In der Branche sind zudem das Substitutionsprinzip (Elektromobilität) und das Konsistenzprinzip (Lastenräder und Mikrodepots) etabliert. In dieser Publikation sollen Aspekte des Vorsorgeprinzips in der KEP-Logistik für Städte und Ballungsräume behandelt werden. Im engeren Sinne ist das Vorsorgeprinzip eine horizontale Kooperation zur verkehrlichen Entlastung im Wirtschaftsverkehr, also eine gebietsbezogene Logistik durch kommunal privilegierte, neutrale Logistikdienstleister (White-Label-Logistik). Solche Konzepte wurden Ende der 1990er Jahren vielerorts erprobt, scheiterten letztendlich aber an den zusätzlichen Sendungsumschlägen und Komplexitätskosten, unterschiedlichen Serviceanforderungen und dem Wettbewerbsrecht im Logistikmarkt. Eine White-Label-Logistik in der KEP-Branche lässt sich daher nur mit erheblichen kommunalen Zufahrtsbeschränkungen durchsetzen, die eine effiziente unternehmensindividuelle Logistik erschweren oder unmöglich machen. Im weiteren Sinne kann das Vorsorgeprinzip aber auch ohne derart massive ordnungsrechtliche Eingriffe in den Markt erfüllt werden, durch eine kooperative räumliche oder zeitliche Mehrfachnutzung bereits vorhandener Infrastrukturen und Verkehrsmittel für den Wirtschaftsverkehr. Die zusätzliche Nutzung vorhandener Verkehrsmittel, Bahnhöfe und Haltestellen des öffentlichen Personennahverkehrs für Transport- und Umschlagsprozesse im Wirtschaftsverkehr ist somit ein möglicher Aspekt des erweiterten Vorsorgeprinzips. Die Nutzung von Bahnhofsinfrastrukturen als Mikrodepots und Paketstationen der KEP-Logistik ist bereits etabliert, für alle anderen Aspekte einer ÖPNV-Integration in die erste und die letzte Meile besteht noch erheblicher Forschungs- und Regelungsbedarf. Daher soll der Frage nach der Realisierbarkeit einer vollständigen KEP-ÖPNV-Integration nachgegangen werden.

Folgende Annahmen liegen dabei zugrunde:

1. Die ÖPNV-Verkehrssysteme und ihre Netze sind unterschiedlich gut geeignet für eine Integration in die KEP-Logistik und müssen zur Verortung der Zustellgebiete, der Lage von KEP-Depots und zu den logistischen Sendungsstrukturen passen.

2. Nur ein gemischter Personen- und Gütertransport im ÖPNV erfüllt das Vorsorgeprinzip vollumfänglich. Exklusiv betriebene „Güterlinien" in ÖPNV-Netzen bedürfen hingegen zusätzlich bereitgestellter Ressourcen und erfordern Betreibermodelle.

3. Die Sicherheit der Fahrgäste ist beim gemischten Personen- und Gütertransport oberstes Gebot. Es gilt der Vorrang der Personenbeförderung.

4. KEP-Sendungen sind in abgeschlossenen Wechselbehältern zu transportieren. Der Behälterumschlag an Bahnhöfen und Haltestellen muss schnell, effizient und möglichst ohne stationäre Fördertechnik erfolgen.

Inhaltsverzeichnis

Abkürzungsverzeichnis

AVG	Albtal-Verkehrs-Gesellschaft mbH/Augsburger Verkehrsgesellschaft mbH
BIEK	Bundesverband Paket und Expresslogistik e. V.
BOStraB	Verordnung über den Bau und Betrieb der Straßenbahnen (gilt auch für U-Bahn uns Stadtbahnen)
BVG	Berliner Verkehrsbetriebe
DB AG	Deutsche Bahn AG
DHL	Deutsche Post DHL Group
DPD	DPDgroup
EBO	Eisenbahn-Bau und Betriebsordnung
GLS	General Logistics Systems
HVV	Hamburger Verkehrsverbund
KEP	Kurier-, Express-, Paketdienst
KV	Kombinierter Verkehr
LEV	Light Electric Vehicle
LKW	Lastkraftwagen
MVG	Münchner Verkehrsgesellschaft
ÖPNV	Öffentlicher Personen-Nahverkehr
PBefG	Personenbeförderungsgesetz
RegG	Regionalisierungsgesetz
StVO	Straßenverkehrs-Ordnung
SWA	Stadtwerke Augsburg
UPS	United Parcel Service
VAG	Verkehrs-Aktiengesellschaft Nürnberg
VGN	Verkehrsverbund Großraum Nürnberg
VMM	Verkehrsunternehmens- Verbund Mainfranken

Abbildungsverzeichnis

Tabellenverzeichnis

1.1 Die konventionelle KEP-Logistik von der ersten bis zur letzten Meile

Auch wenn die Begrifflichkeiten andere sind, folgt die KEP-Logistik dem in der Speditionslogistik weit verbreiteten sogenannten „Hub-and-Spoke"-Prinzip von Vorlauf, Hauptlauf und Nachlauf:

➤ KEP-Sendungen werden im Quellgebiet auf der „ersten Meile" abgeholt („Vorlauf"), im Quelldepot nach Zieldestinationen sortiert und nachts mit LKW-Wechselbrücken zum Zieldepot transportiert („Hauptlauf"[1]). Am darauffolgenden Tag werden die Sendungen im Zieldepot nach Zustellgebieten sortiert und auf der „letzten Meile" zugestellt („Nachlauf"), siehe Abb. 1.1.

Die Transportprozesse der KEP-Logistik finden auf der ersten und der letzten Meile ausnahmslos auf der Straße statt. Der Nachtsprung erfolgt größtenteils auf der Straße, auch Luftfracht ist möglich. Der Verkehrsträger Straße ist logistisch durch eine hohe Netzabdeckung in der Fläche gekennzeichnet [1], durch eine größtenteils freie Möglichkeit zur Wahl der Fahrtrouten und durch eine ebenfalls größtenteils freie Wahl der Verkehrsmittel.

Der logistische Prozess im Zieldepot beginnt mit der Anlieferung der Wechselbrücken aus dem Nachtsprung (vgl. Abb. 1.2). Anschließend werden die Sendungen auf der automatischen Sortieranlage nach Zustellgebieten sortiert. Danach werden die an den Laderampen des Zieldepots bereitstehenden Zustellfahrzeuge unter Beachtung der Zustellreihenfolge im Zustellgebiet beladen und die Zustelltour auf der letzten Meile kann beginnen. Beim Abholprozess sind

---

[1] Der stets nächtliche Hauptlauf wird in der KEP-Branche als „Nachtsprung" bezeichnet.

© Der/die Autor(en), exklusiv lizenziert durch Springer Fachmedien Wiesbaden GmbH, ein Teil von Springer Nature 2022
R. Bogdanski und C. Cailliau, *Kombinierter KEP-Verkehr mit öffentlichen Nahverkehrsmitteln*, essentials, https://doi.org/10.1007/978-3-658-37125-8_1

1

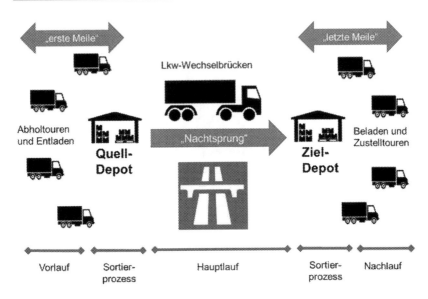

Abb. 1.1 Hub-and-Spoke-Prinzip in der KEP-Branche

zwei Varianten zu unterscheiden – Großkunden werden mit separaten Abholtouren bedient, wobei in der Regel Wechselbrücken im Kanban-System ausgetauscht werden. Diese exklusive Variante des Abholprozesses mit LKW-Wechselbrücken bliebe bei einer angenommenen ÖPNV-Integration unverändert und wird nachfolgend nicht weiter betrachtet. Von Interesse ist hingegen die kombinierte Zustell- und Abholtour für private und gewerbliche Kunden. Auf einer kombinierten Tour werden zuvor zum Versand angemeldete oder auch ad hoc retournierte Sendungen mitgenommen und bei der Rückkehr des Zustellfahrzeuges im Zieldepot an der Laderampe entladen; damit wird das Zieldepot zum Quelldepot. Es folgt ein Sortierprozess der abgeholten Sendungen nach den neuen Zieldepots; die Sendungen werden in Wechselbrücken für den darauffolgenden Nachtsprung verladen und der logistische Prozess wiederholt sich. Zusammenfassend kann festgehalten werden, dass das konventionelle Verkehrssystem der KEP-Logistik auf der ersten und letzten Meile straßengebunden ist und auf motorisierte Nutzfahrzeugen setzt, die in fest zugeordneten Zustellgebieten tägliche Touren fahren.

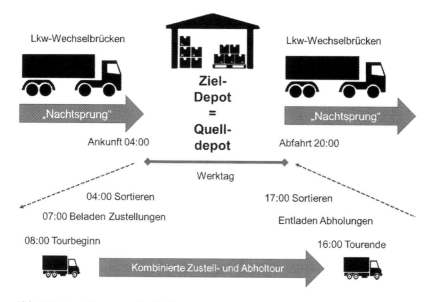

Abb. 1.2 Logistikprozesse im Zieldepot

KEP-Logistik
Konventionelle KEP-Logistik folgt dem Hub-and-Spoke-Prinzip nach definierten zeitlichen Abläufen. Die erste und die letzte Meile stellen ein ausnahmslos straßengebundenes Verkehrssystem dar, in dem werktäglich gebietsbezogene Touren mit motorisierten Nutzfahrzeugen gefahren werden.

1.2   ÖPNV-Verkehrssysteme und Handlungsfelder zur Integration der KEP-Logistik

Der ÖPNV nutzt im Gegensatz zum rein straßengebundenen KEP-Verkehrssystem auf der ersten und letzten Meile die Verkehrsträger Straßenverkehr, Schienenverkehr, Schiffsverkehr und Luftverkehr. Schiffsverkehr und Luftverkehr werden wegen der geringen Praxisrelevanz auf der letzten Meile nachfolgend nicht weiter behandelt. Flächendeckend verbreitet sind hingegen ÖPNV-Verkehrssysteme des Schienen-

Abb. 1.3   Analysierte ÖPNV-Verkehrssysteme. (Verändert nach [2])

und Straßenverkehrs (vgl. Abb. 1.3). Auch Schwebe-, Seil- und Zahnradbahnen als Sonderformen des Schienenverkehrs werden als nicht relevant erachtet.

Fahrten mit öffentlichen Verkehrsmitteln ersetzen in Deutschland täglich etwa 20 Mio. Autofahrten [3]. Im Jahr 2019 waren bei den Mitgliedern des Verbands Deutscher Verkehrsunternehmen (VDV) insgesamt 35.633 Busse, 18.923 Eisenbahnfahrzeuge und 7.257 Fahrzeuge der Sparte Tram (unabhängige Bahnen sowie Straßen-Stadtbahnen) im Einsatz [4].

▶ **Definition**   Unter **ÖPNV** versteht man laut § 8 des Personenbeförderungsgesetzes (PBefG):

„(1) Öffentlicher Personennahverkehr im Sinne dieses Gesetzes ist die allgemein zugängliche Beförderung von Personen mit Straßenbahnen, Obussen und Kraftfahrzeugen im Linienverkehr, die überwiegend dazu bestimmt sind, die Verkehrsnachfrage im Stadt-, Vorort- oder Regionalverkehr zu befriedigen. Das ist im Zweifel der Fall, wenn in der Mehrzahl der Beförderungsfälle eines Verkehrsmittels die gesamte Reiseweite 50 km oder die gesamte Reisezeit eine Stunde nicht übersteigt.

(2) Öffentlicher Personennahverkehr ist auch der Verkehr mit Taxen oder Mietwagen, der eine der in Absatz 1 genannten Verkehrsarten ersetzt, ergänzt oder verdichtet." Personenbeförderungsgesetz (1961).

Weiterhin definiert § 2 Abs. 5 des Allgemeinen Eisenbahngesetzes den **Schienenpersonennahverkehr** wie folgt:

„die allgemein zugängliche Beförderung von Personen in Zügen, die überwiegend dazu bestimmt sind, die Verkehrsnachfrage im Stadt-, Vorort oder Regionalverkehr zu befriedigen. Das ist im Zweifel der Fall, wenn in der Mehrzahl der Beförderungsfälle eines Zuges die gesamte Reiseweite 50 km oder die gesamte Reisezeit eine Stunde nicht übersteigt."

Je nach eingesetztem Schienenfahrzeug gelten andere rechtliche Bedingungen. S-Bahnen und Regionalbahnen fallen unter die „Eisenbahn-Bau- und Betriebsordnung" (EBO), Straßenbahnen und U-Bahnen dagegen reglementiert die „Verordnung über den Bau und Betrieb von Straßenbahnen" (BOStrab).

Die Wichtigkeit, die dem Personennahverkehr beigemessen wird, wird deutlich durch die Einordnung seiner Aufgabe (der Gewährleistung einer ausreichenden Bedienung der Bevölkerung mit Leistungen des öffentlichen Personenverkehrs) als Teil der Daseinsvorsorge. Diese Aufgabe regelt § 1 Abs. 1 des Gesetzes zur Regionalisierung des öffentlichen Personennahverkehrs (Regionalisierungsgesetz, RegG) [5]. Die Gewährleistung dieser Funktion des ÖPNV ist auch bei der Bildung von Fahrpreisen sowie der potentiellen Nebennutzung der ÖPNV-Infrastruktur durch KEP-Unternehmen ein relevanter Faktor. Über die generelle Pflicht zum Anbieten von Verkehrsdienstleistungen hinaus entspringen dem Personenbeförderungsgesetz weitere Teilpflichten (vgl. Tab. 1.1).

Wer im Einzelnen für den Nahverkehr verantwortlich ist, regelt eine vielschichtige Aufteilung. Die jeweiligen Bundesländer haben Nahverkehrsgesetze, die es entweder zulassen, dass das Bundesland selbst die Rolle des sogenannten „Aufgabenträgers" annimmt oder alternativ eine Gebietskörperschaft. In Schienenpersonennahverkehr sind meistens die Bundesländer verantwortlich, im Öffentlichen Straßenpersonennahverkehr dagegen die Landkreise bzw. kreisfreien Städte. Die Bereitstellung der ÖPNV-Leistung wird durch den Aufgabenträger (Besteller) bei einem Verkehrsunternehmen (Ersteller) mittels eines Verkehrsvertrags bestellt. Dieser definiert die Qualität der zu erbringenden Leistung im Detail, unter anderem nach:

- Häufigkeit und Sitzplatzanzahl eines Verkehrsmittels auf einer Relation
- Häufigkeit der Reinigung des Verkehrsmittels
- Besetzung des Verkehrsmittels mit einem Kundenbetreuer [2]

Tab. 1.1   Rechtliche Pflichten im ÖPNV [4]

Betriebspflicht § 21 Abs. 1 Personenbeförderungsgesetz	Für den Zeitraum, in dem der Betrieb genehmigt ist, muss der Unternehmer diesen aufnehmen und entsprechend der öffentlichen Interessen sowie gemäß dem aktuellen technologischen Stand aufrechterhalten
Beförderungspflicht § 22 Personenbeförderungsgesetz	Bei Vorliegen bestimmter Voraussetzungen ist der Unternehmer grundsätzlich verpflichtet, Fahrgäste zu befördern. Zu diesen Voraussetzungen zählen die Einhaltung der Beförderungsbedingungen und die Durchführung der Beförderung mit den regelmäßig eingesetzten Fahrzeugen. Keine Beförderungspflicht liegt vor, wenn besondere Umstände, die der Unternehmer nicht beeinflussen kann, eine Beförderung verhindern
Tarifpflicht § 39 Personenbeförderungsgesetz	Die Verkehrsunternehmen sind verpflichtet, verbindliche Tarife festzulegen, zu kommunizieren und gleichmäßig anzuwenden. Die Tarife bedürfen der Genehmigung durch die zuständige Genehmigungsbehörde
Fahrplanpflicht § 40 Abs. 1 Personenbeförderungsgesetz	Anfangs- und Endpunkte einer Linie, deren Verlauf inklusive Haltestellen sowie die jeweiligen Abfahrtszeiten müssen in einem Fahrplan enthalten sein

Der ÖPNV finanziert sich Großteils durch seine Nutzer (siehe Abb. 1.4). Diese Finanzierung setzt sich aus Fahrgelderträgen sowie Werbe- und Pachtverträgen zusammen. Je nach Gebiet kann der dadurch erwirtschaftete Anteil jedoch schwanken, abhängig von Faktoren wie Struktur des Raumes, Dichte der Besiedlung und Verfügbarkeit von Pkws [7]. Darüber hinaus herrscht im Bereich des ÖPNV eine hohe Preiselastizität vor, eine zu starke Erhöhung der Fahrpreise führt also zu einem Rückgang der Nachfrage [2]. Im Jahr 2018 Betrug die Kostendeckung durch den Nettoertrag 74,4 %. Die öffentliche Hand übernahm also nur rund ein Viertel [4].

Außerhalb Deutschlands finden sich andere interessante Modelle der Co-Finanzierung des ÖPNV, z. B. in Frankreich und Wien. So erhebt neben anderen

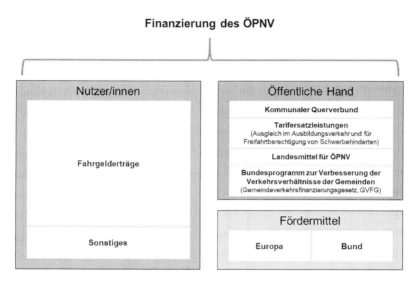

Abb. 1.4 Finanzierung des ÖPNV. (Verändert nach [6])

französischen Städten auch Paris eine gesonderte Transportsteuer *(Taxe de Verse-ment Transport)* für die Finanzierung des ÖPNV [8]. Diese wird von Unternehmen ab 11 Mitarbeitenden gezahlt, basierend auf der Lohnsumme [9]. Laut Regierung soll dieser Beitrag auch den Unternehmen zukommen, da diese durch einen gut aus-gebauten ÖPNV besser erreichbar sind und Parkplätze für Kunden und Mitarbeiter sparen können [2]. Im Jahr 2018 wurden in Île-de-France 4.457 Mrd. € der ÖPNV-Gesamtkosten von 10.646 Mrd. € über die Abgabe finanziert, also rund 42 % [10]. Die Stadt Wien erhebt eine sogenannte „Dienstgeberabgabe", welche Arbeitgeber verpflichtet, pro Arbeitnehmer (mit Ausnahmen) zwei Euro wöchentlich zu zahlen. Die Abgabe wird zum U-Bahn-Bau verwendet [11].

Eine Co-Finanzierung des ÖPNV durch logistische Anwendungen wie KEP könnte also durchaus eine Möglichkeit darstellen, die öffentliche Hand durch die Unterstützung von Unternehmen weiter zu entlasten. Besonders, da nicht zu erwarten ist, dass der ÖPNV sich in den nächsten Jahren flächendeckend kom-plett durch eine Nutzerfinanzierung betreiben werden lässt, schon allein aufgrund regionaler Unterschiede, zum Beispiel zwischen Stadt und Land [2].

Die ÖPNV-Verkehrsmittel weisen unterschiedliche Leistungsfähigkeiten und Netzeigenschaften auf (vgl. Tab. 1.2).

Tab. 1.2   Merkmale öffentlicher Verkehrsmittel. (Verändert nach [2])

	Straßenverkehrsmittel			Stadtschnellbahnen		
Verkehrsmittel	Bus	O-Bus	Straßenbahn	Stadtbahn	U-Bahn	S-Bahn
Abstandssicherung	Fahren auf Sicht			Fahren im Raumabstand		
Typische Einsatzzwecke	freizügig im Straßennetz	an Fahrleitung gebunden	an Gleis und Fahrleitung gebunden	eigene Gleise in Region/Stadt	eigene Gleise	nur z. T. eigene Gleise in Region/Stadt
Haltestellenabstand [m]	200–500	200–500	200–600	300–1.000	500–1.500	1.000–3.000
Einzugsbereich [m]	200–300	200–300	300–400	400–500	750–1.000	1.000–1.500
Reisegeschwindigkeit [km/h]	10–15	10–15	15–25	20–40	30–50	10–15
Typische Fahrzeugfolge [min]	20–120	10–30	10–30	10–30	5–15	20–60
Gehzeit [min]	4–6	4–6	5–8	8	8–10	10–15
Platzangebot [Steh- und Sitzplätze]	100–165	> 100	180	180–250	200	500–600
Leistungsfähigkeit [Personen/h]	600–1.000	600	1.500	4-5000	10.000	25.000

Der schienengebundene ÖPNV weist gegenüber dem straßengebundenen ÖPNV eine größere Transportkapazität und eine höhere Reisegeschwindigkeit auf. Die Netzabdeckung der Schienenwege ist bundesweit jedoch deutlich geringer als die des Straßennetzes [1]. Weiterhin ist der Schienenverkehr hinsichtlich der Wahl der Fahrtrouten und der Verkehrsmittel im direkten Vergleich zum Straßenverkehr erheblich eingeschränkt. Der öffentliche Straßenpersonennahverkehr weist diese Nachteile nicht auf, dafür ist die Leistungsfähigkeit geringer und die erreichbaren Reisegeschwindigkeiten sind niedriger.

Beispiel

Nachstehende Tabelle zeigt die Streckenlängen der ÖPNV-Verkehrssysteme ausgewählter Großstädte bzw. Ballungsräume im Vergleich (Tab. 1.3).◄

Tab. 1.3 Ausgewählte ÖPNV-Netze

Stadt	Regionalbahn	S-Bahn	U-Bahn	Straßenbahn	Bus
Berlin (VBB/BVG)	3531 km	600 km	153 km	480 km	26.354 km
Hamburg (HVV)	695 km	252 km	106 km	Nicht vorhanden	13.508 km
München (MVV)	549 km	434 km	95 km	82 km	5610 km
Frankfurt (RMV)	1450 km	303 km	65 km	67 km	k. A
Nürnberg (VGN)	1045 km	272 km	38 km	38 km	11.692 km

Insgesamt gibt es wenige Daten über die Netzlängen der ÖPNV-Verkehrssysteme aller deutschen Städte, und nicht jedes ÖPNV-Verkehrssystem ist überall vorhanden. Insgesamt gibt es nach EBO 38.416 Strecken-km in Deutschland (S-Bahnen und Regionalbahnen), nach BOStrab 3548 km im Straßenbahn und U-Bahn-Netz, also insgesamt 41.964 km Schienenstrecken. Die öffentlichen Straßen (ohne Gemeindestraßen) umfassen eine Länge von 229.841 km [4]. Anhand der aufgezeigten Beispiele kann jedoch davon ausgegangen werden, dass hinsichtlich der verfügbaren Netze die U-Bahn und die Straßenbahn das geringste Potential bzw. Bus, Regionalbahn und S-Bahn das höchste Potential einer möglichen ÖPNV-Integration auf der Letzten Meile aufweisen.

ÖPNV-Netze bestehen in der Regel aus verschiedenen Linienarten, die sich in der Länge, Lage, Form sowie Funktion unterscheiden. Eine Übersicht bietet Tab. 1.4.

Neben den Verkehrseigenschaften der einzelnen Verkehrsmittel differieren aufgrund der großen Unterschiede zwischen den Fahrzeugen natürlich auch die jeweiligen Anschaffungs- und Einsatzkosten sowie die mögliche Nutzungsdauer. Während eine Straßenbahn 2,5–3 Mio. € kostet, belaufen sich die Anschaffungskosten eines durchschnittlichen Busses mit 250.000 bis 350.000 € nur auf rund ein Zehntel davon. Während ein Bus allerdings nur 10–15 Jahre genutzt werden kann, liegt die Nutzungsdauer von Straßenbahnen bei minimal 20 Jahren. Dafür wiederum sind die Einsatzkosten von Bussen durch die Nutzung der Straße, die das Verkehrsunternehmen im Gegensatz zur Schiene nicht finanzieren muss, mit 1,50–2,50 € pro Buskilometer geringer, denn pro Eisenbahnkilometer fallen 7–12 € an [12].

Tab. 1.4 ÖPNV-Linienarten. (Verändert nach [2])

Durchmesserlinie	Diese Linienart hat Ziele außerhalb des Stadtrandes und führt durch das Zentrum. Sie ist meist sehr lang, weshalb sich aufgebaute Verspätungen schwer wieder einholen lassen
Radiallinie	Bei dieser Linienart endet die Fahrt im Stadtzentrum, wo umgestiegen werden kann. Die Fahrtstrecken sind kürzer und Verspätungen damit leichter aufholbar. An den Zielhaltestellen werden darüber hinaus Wendezeiten eingeplant
Ringlinie	Ringlinien sind, wie der Name schon sagt, in sich geschlossen. Sie ergänzen häufig andere Angebote. Ein bekanntes Beispiel ist die Berliner Ringbahn
Tangentiallinie	Diese Linienart führt nicht durch das Stadtzentrum, sondern verbindet Ziele außerhalb, wodurch der innerstädtische Verkehr umgangen wird
Zubringerlinie	Diese Art von Linie befördert Fahrgäste aus dem Umland zu Anschlüssen ans städtische Netz (z. B. S-Bahn, Straßenbahn)

Ein weiterer Aspekt, der für die Analyse der Eignung öffentlicher Verkehrsmittel für die Logistik relevant ist, ist die Barrierefreiheit. Denn die Größe der Transportgüter, also der Wechselbehälter, überschreitet in jedem Fall den Rahmen dessen, was eine Person tragen kann, weshalb Transportsysteme wie Rollen zum Einsatz kommen müssen. Für diese stellen Treppen und andere Höhenunterschiede wie auch große Abstände zwischen Fahrzeug und Bahnsteigkante potentielle Hindernisse dar, genau wie für mobilitätseingeschränkte Personen. **„Barrierefreiheit"** wird im § 4 des Gesetzes zur Gleichstellung behinderter Menschen (BGG) [13] wie folgt definiert:

▶ „Barrierefrei sind bauliche und sonstige Anlagen, Verkehrsmittel, technische Gebrauchsgegenstände, Systeme der Informationsverarbeitung, akustische und visuelle Informationsquellen und Kommunikationseinrichtungen sowie andere gestaltete Lebensbereiche, wenn sie für behinderte Menschen in der allgemein üblichen Weise, ohne besondere Erschwernis und grundsätzlich ohne fremde Hilfe zugänglich und nutzbar sind."

Im Falle des ÖPNV ist die infrastrukturelle Barrierefreiheit von besonderem Interesse. Ziel in Deutschland ist laut dem Personenbeförderungsgesetz (PBefG, § 8 Abs. 3):

„Der Nahverkehrsplan hat die Belange der in ihrer Mobilität oder sensorisch eingeschränkten Menschen mit dem Ziel zu berücksichtigen, für die Nutzung des öffentlichen Personennahverkehrs bis zum 1. Januar 2022 eine vollständige Barrierefreiheit
zu erreichen." [14]

Der Begriff „vollständige Barrierefreiheit" ist nirgendwo trennscharf definiert
[15], jedoch lässt sich daraus zumindest ableiten, dass überall im Land passende
Maßnahmen vorgesehen sein müssen bzw. seit Einführung der Gesetzesänderung
im Jahr 2012 auch umgesetzt wurden. Dies könnte eine günstige Grundvoraus-
setzung für die logistische Nutzung darstellen.

Sowohl aus den gesetzlichen Grundlagen, der Finanzierung von ÖPNV-
Infrastruktur und -Betrieb sowie der staatlichen Aufgabe der Daseinsvorsorge
durch den ÖPNV ergeben sich aus der ÖPNV-Perspektive für eine ÖPNV-
Integration in die KEP-Logistik auf der ersten und der letzten Meile folgende
acht Handlungsfelder mit Grundsatzüberlegungen[2] (vgl. Tab. 1.5).

ÖPNV

Zusammengefasst sind folgende Merkmale des ÖPNV relevant für seine
Nutzung für den Warentransport auf der letzten Meile:

- hohe Reisegeschwindigkeiten und Transportkapazitäten, abhängig vom
  Verkehrssystem
- hohe Netzabdeckung in Städten und in Ballungsräumen, abhängig vom
  Verkehrssystem
- weitgehende Barrierefreiheit begünstigt Umschlagsprozesse
- Vorrang der Personenbeförderung und Sicherheit der Fahrgäste als
  oberste Gebote

---

[2] Dabei wird vorausgesetzt, dass KEP-Sendungen nicht lose, sondern in abgeschlossenen
Wechselbehältern transportiert werden.

Tab. 1.5   Handlungsfelder zur ÖPNV-Integration in die KEP-Logistik (ÖPNV-Perspektive)

Handlungsfeld	Grundsatzüberlegungen
1. Beförderungspflicht für Personen	Separate Güterabteile verhindern Nutzungskonflikte (Personen mit Mobilitätseinschränkungen, mit Kleinkindern oder Gepäck), reduzieren jedoch die Kapazität zur Personenbeförderung Ein Vorrang der Personenbeförderung kann den Transport von Wechselbehältern in Mehrzweckabteilen verhindern, vor allem in Spitzenzeiten
2. Sicherheit der Fahrgäste	Separate Güterabteile gewährleisten maximale Sicherheit. Die Beförderung von Personen und Wechselbehältern in Mehrzweckabteilen erfordert umfangreiche Maßnahmen der Ladungssicherung
3. Tarifpflicht	Ein fixer Fahrpreis für Wechselbehälter (Gütertarif) ist anzustreben. Die Fahrpreiskalkulation für Wechselbehälter ist vor allem bei schwankender Nachfrage im Tagesverlauf schwierig
4. Betriebs- und Fahrplanpflicht	Fahrpläne geben Planungssicherheit für KEP-Logistik zur Erfüllung der Serviceversprechen. Ein starres Fahrplanangebot kann zum saisonalen Engpass in der KEP-Logistik werden (z. B. Weihnachtsgeschäft)
5. Beförderungsbedingungen	Ein Transport von Wechselbehältern ist derzeit nicht vorgesehen, insbesondere Haftungsfragen, Brandschutz, Gefahrgut und Ladungssicherung müssen geregelt werden
6. Betriebsablauf ÖPNV	Ist ungestört bei effizientem Behälterumschlag innerhalb der planmäßigen Haltezeit, zusätzliche Haltezeiten für den Behälterumschlag stören den Betriebsablauf

(Fortsetzung)

Tab. 1.5 (Fortsetzung)

Handlungsfeld	Grundsatzüberlegungen
7. Anpassungen der ÖPNV-Verkehrsmittel an den Transport von Wechselbehältern	Die in der Regel langen Nutzungsdauern der ÖPNV-Verkehrsmittel führen zu langen Beschaffungszyklen, daher ist eine Umrüstung vorhandener Fahrzeuge notwendig; der technische Aufwand und die erforderlichen behördlichen Zulassungen sind zu klären
8. Wirtschaftlichkeit ÖPNV	Einnahmen aus dem Behältertransport verbessern die Wirtschaftlichkeit unter folgenden Bedingungen: Der (ungeklärte) Investitionsbedarf für Ladungssicherung, Umschlagstechnik/Infrastruktur etc. wird staatlich gefördert Zusätzliche (ungeklärte) Betriebskosten, z. B. zusätzlicher Personalbedarf, werden durch die Gütertarife gedeckt

1.3 Kombinierter ÖPNV-KEP-Verkehr – Umschlagsprozesse und die allerletzte Meile

Für eine angenommene ÖPNV-Integration in kombinierte Zustell- und Abholtouren der KEP-Logistik muss von den Prämissen des sogenannten Kombinierten Verkehrs (KV) ausgegangen werden, weil ÖPNV-Verkehrsmittel nicht unmittelbar auf dem Gelände der KEP-Depots verkehren und auch nicht unmittelbar vor jeder Zustell- bzw. Abholadresse halten.

▶ Unter Kombiniertem Verkehr (KV) versteht man einen oft intermodalen Verkehr (z. B. die Kombination der Verkehrsträger Straße und Schiene), mindestens jedoch den Wechsel der Verkehrsmittel, ohne dass die transportierte Ware selbst umgeschlagen wird. Vielmehr werden in der gebräuchlichsten Form des KV standardisierte Wechselbehälter (z. B. Container) umgeschlagen, welche die Ware (im Sinne dieser Studie einzelne Paketsendungen) beinhalten [16]. Man bezeichnet diese Wechselbehälter auch als unselbständige Ladeeinheiten, im Gegensatz zu Roll-On/Roll-Off-LKW-Verkehren, beispielsweise beim Alpentransit mit der Eisenbahn („Rollende Landstraße").

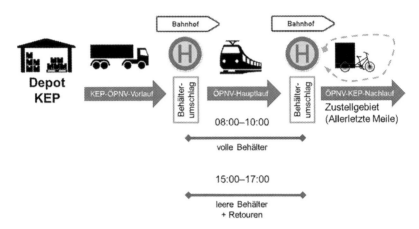

Abb. 1.5 Zusätzliche Logistikprozesse des Kombinierten ÖPNV-KEP-Verkehrs

Zusätzlich zu den bereits beschriebenen Logistikprozessen im Zieldepot ergeben sich somit neue Prozesse (vgl. Abb. 1.5): Nach dem Nachtsprung müssen
im Zieldepot des KEP-Unternehmens die Sendungen für Zustellgebiete mit
ÖPNV-Integration auf der automatischen Sortieranlage aussortiert und in Wechselbehälter verladen werden. Diese Wechselbehälter werden anschließend zu einer
ÖPNV-Haltestelle bzw. zu einem Bahnhof transportiert, zum Behälterumschlag
in ein ÖPNV-Verkehrsmittel. Der neue Prozessschritt wird im Folgenden als
„KEP-ÖPNV-Vorlauf" bezeichnet. Es folgt der Transport der Wechselbehälter
zur ÖPNV-Zielhaltestelle im Zustellgebiet, im Folgenden als ÖPNV-Hauptlauf
bezeichnet. An der ÖPNV-Zielhaltestelle im Zustellgebiet erfolgt ein letzter
Behälterumschlag auf Lastenräder zur eigentlichen Zustellung an die Kunden[3].
Dieser Prozessschritt wird im Folgenden als ÖPNV-KEP-Nachlauf oder allerletzte
Meile bezeichnet.

---

[3] Denkbar ist auch ein zumindest teilweiser Sendungsumschlag in Paketstationen, die unmittelbar an der Zielhaltestelle positioniert sind.

ÖPNV-KEP-Verkehr
Zusammenfassend kann festgestellt werden, dass das KEP-Verkehrssystem auf der ersten und letzten Meile auf dem Verkehrsträger Straße beruht, auch mit einer ÖPNV-Integration im Sinne eines Kombinierten Verkehrs. Da ÖPNV-Haltestellen oder Bahnhöfe nicht direkt auf den Betriebsgeländen von KEP-Depots liegen, ist bei einer ÖPNV-Integration immer von einem KEP-ÖPNV-Vorlauf mit motorisierten Nutzfahrzeugen auszugehen. Der in Deutschland bei Weitem überwiegende Fall der Adresszustellung [17] erfordert grundsätzlich einen ÖPNV-KEP-Nachlauf mit nachhaltigen Verkehrsmitteln, wie z. B. Lastenrädern. Daraus resultieren zwei zusätzliche Umschlagsprozesse mit standardisierten Wechselbehältern im Sinne des KV.

Wie bereits ausgeführt, muss nach den Prämissen des Kombinierten Verkehrs an ÖPNV-Haltestellen bzw. Bahnhöfen sowohl im KEP-ÖPNV-Vorlauf als auch im ÖPNV-KEP-Nachlauf ein Sendungsumschlag für standardisierte Wechselbehälter erfolgen können. Dies beinhaltet sowohl die Überwindung von Niveauunterschieden mit den Wechselbehältern als auch Laufwege zwischen KEP- und ÖPNV-Verkehrsmitteln. Beides kann in extremer Ausprägung zu Ineffizienz des Behälterumschlags führen. Wenn zur Überwindung von Niveauunterschieden zwischen KEP- und ÖPNV-Verkehrsmitteln auch noch der Wechsel von Ebenen mit Aufzügen hinzukommt, kann es zusätzliche Nutzungskonflikte geben. Aufzüge in Bahnhöfen sind für die Barrierefreiheit von Gehbeeinträchtigten, Menschen mit schwerem Gepäck oder Kinderwagen installiert. Zu beachten ist weiterhin, dass infolge des Wechsels der Verkehrsmittel Halteflächen für KEP-Fahrzeuge an ÖPNV-Haltestellen bzw. Bahnhöfen verfügbar sein müssen.

Aus den aufgezeigten Prozessen der Kombinierten ÖPNV-KEP-Verkehre lassen sich sechs Handlungsfelder und Grundsatzüberlegungen ableiten (vgl. Tab. 1.6).

Für die allerletzte Meile (ÖPNV-KEP-Nachlauf) sollen keine motorisierten Nutzfahrzeuge zum Einsatz kommen, um die Ökoeffizienz einer ÖPNV-Integration in die KEP-Logistik nicht zu konterkarieren. Dabei muss die Frage geklärt werden, ob weiterhin das Prinzip der Adresszustellung zur Anwendung kommt („Paket zum Kunden") oder das Prinzip der Selbstabholung aus Paketstationen („Kunde zum Paket"). Aus Sicht der Nachhaltigkeit und Verkehrsvermeidung ist Letzteres gerade an ÖPNV-Haltestellen bzw. Bahnhöfen hochinteressant, wenn der Sendungsempfänger seine täglichen Wege mit der

Tab. 1.6 Handlungsfelder zur ÖPNV-Integration in die KEP-Logistik (KEP-Perspektive)

Handlungsfeld	Grundsatzüberlegungen
1. Betriebsablauf KEP	Ist ungestört bei effizientem Behälterumschlag und planmäßiger Beförderung der Wechselbehälter; effiziente Lösungen für die allerletzte Meile sind Voraussetzung. Störungen im ÖPNV-Betriebsablauf beeinträchtigen die KEP-Serviceversprechen
2. KEP-ÖPNV-Vorlauf	Die Lagegunst von KEP-Depots ist entscheidend (möglichst kurzer Vorlauf), eine logistische Eignung der Haltestellen für den Sendungsumschlag ist Voraussetzung. Für die Beurteilung der logistischen Eignung ist ein Kriterienkatalog erforderlich (siehe Tab. 1.7)
3. ÖPNV-Hauptlauf	Effizienzgewinn bei möglichst langen Hauptläufen in großflächigen Ballungsräumen und staubelasteten Stadtgebieten, gut planbar Effizienzverlust bei zu kurzen Hauptläufen in unproblematischen Stadtgebieten infolge der beiden Behälterumschläge
4. ÖPNV-KEP-Nachlauf	Logistische Eignung der Haltestellen gemäß Kriterienkatalog wie beim Vorlauf ist Voraussetzung. Der Lastenrad-/LEV-Einsatz im Zustellgebiet muss effizient möglich sein (geeignete Sendungsstrukturen in den Zustellgebieten) Anbieteroffene Paketstationen an Haltestellen sollten ergänzend möglich sein
5. Sendungsumschlag KEP	Standardisierte Wechselbehälter sind Voraussetzung für einheitliche Umbaumaßnahmen an ÖPNV-Verkehrsmitteln und Haltestellen sowie einheitliche mobile Umschlagstechnik Standardisierte Wechselbehälter begünstigen neue erforderliche logistische Prozesse in KEP-Depots und auf der allerletzten Meile (Passung zu allen Lastenrad- und LEV-Anbietern notwendig)
6. Wirtschaftlichkeit KEP	Möglich bei attraktiven Gütertarifen für den Transport von Wechselbehältern und Konzepten ohne zusätzlichen Personaleinsatz Abhängig von der Wirtschaftlichkeit der allerletzten Meile und den Einsparungen durch Entfall konventioneller KEP-Logistik

Tab. 1.7 Eignungskriterien ÖPNV-Infrastruktur für den Behälterumschlag

Kriterium	Beschreibung	Wertigkeit
K1	Erreichbarkeit mit KEP-Fahrzeugen (Straßenanbindung)	Muss
K2	Abstellmöglichkeit für KEP-Fahrzeuge (Transporter, Lastenräder, LEV)	Muss
K3	Kurzer Laufweg vom KEP-Fahrzeug zum ÖPNV-Verkehrsmittel	Kann
K4	Barrierefreiheit (Wechsel von Ebenen per Aufzug)	Muss
K5	Installationsmöglichkeit von Paketstationen	Kann
K6	Pufferfläche am Bahnsteig zum Zwischenlagern von Wechselbehältern	Muss

Paketabholung verbinden kann [18]. Letztlich entscheiden dies die Kunden beim Bestellprozess im E-Commerce, sodass auch in Zukunft beide Prinzipien auf der allerletzten Meile zur Anwendung kommen werden. Bei der Adresszustellung muss es eine Umschlagsmöglichkeit der Wechselbehälter auf Lastenräder geben; bei Selbstabholung müssen anbieteroffene Paketstationen an ÖPNV-Haltestellen bzw. Bahnhöfen installiert sein und Flächen für das Einsortieren von Sendungen aus den Wechselbehältern in die Paketstationen verfügbar sein.

Für den Umschlag von rollbaren Wechselbehältern sollte mobile Umschlagstechnik wie z. B. Rampen zur Überwindung von Niveauunterschieden und Spalten zwischen Bahnsteig und ÖPNV-Verkehrsmittel an Haltestellen und Bahnhöfen bereitstehen bzw. von den ÖPNV-Verkehrsmitteln mitgeführt werden. Die Überwindung von ganzen Ebenen an ÖPNV-Haltestellen bzw. Bahnhöfen mit Wechselbehältern kann hingegen nur über Aufzüge erfolgen, damit ist eine barrierefreie ÖPNV-Infrastruktur Voraussetzung für den Behälterumschlag. Folgende Muss- und Kann-Kriterien zur Bewertung der logistischen Eignung von ÖPNV-Haltestellen bzw. Bahnhöfen für notwendige Umschlagsprozesse von Wechselbehältern lassen sich formulieren und werden in den folgenden Kapiteln verifiziert bzw. angewendet (vgl. Tab. 1.7).

Literatur

1. *Hütter A.* Verkehr auf einen Blick. Wiesbaden: Statistisches Bundesamt; 2013
2. *Dorsch M.* Öffentlicher Personennahverkehr: Grundlagen und 25 Fallstudien mit Lösungen. München: UVK Verlag; 2019

3. *Verband Deutscher Verkehrsunternehmen* (VDV). Daten & Fakten zum Personen- und Schienengüterverkehr; 2021. https://www.vdv.de/daten-fakten.aspx (09.06.2021)
4. *Verband Deutscher Verkehrsunternehmen* (VDV). VDV-Statistik 2019. Köln; 2019
5. Gesetz zur Regionalisierung des öffentlichen Personennahverkehrs: RegG; 1993
6. *Verband Deutscher Verkehrsunternehmen* (VDV). Fördermittel für den öffentlichen Verkehr. Köln; 2017
7. *Bormann R.* Neuordnung der Finanzierung des Öffentlichen Personennahverkehrs: Bündelung, Subsidiarität und Anreize für ein zukunftsfähiges Angebot. Bonn: Friedrich-Ebert-Stiftung Abt. Wirtschafts- und Sozialpolitik; 2010
8. *Institut des Politiques Publiques.* Versement Transport (VT). Paris; 2021. https://www.ipp.eu/baremes-ipp/prelevements-sociaux/1/autres_taxes_participations_assises_salaires/vt/ (09.06.2021)
9. *Unions de Recouvrement des Cotisations de Sécurité Sociale et d'Allocations Familiales* (URSAFF). Versement mobilité. Paris; 2021. https://www.urssaf.fr/portail/home/taux-et-baremes/versement-mobilite.html (09.06.2021)
10. *Île-de-France Mobilités.* Financements. Paris; 2020. https://www.iledefrance-mobilites.fr/decouvrir/financements (09.06.2021)
11. *Stadt Wien.* Dienstgeberabgabe; 2011. https://www.wien.gv.at/amtshelfer/finanzielles/rechnungswesen/abgaben/dienstgeberabgabe.html (09.06.2021)
12. *Schwedes O, Hrsg.* Verkehrspolitik: Eine interdisziplinäre Einführung. Wiesbaden: VS Verl. für Sozialwiss; 2011
13. Gesetz zur Gleichstellung von Menschen mit Behinderungen: BGG; 2002
14. *Bundesministerium für Verkehr und digitale Infrastruktur* (BMVI). Personenbeförderungsgesetz: PBefG; 1961
15. *Bundesarbeitsgemeinschaft ÖPNV der kommunalen Spitzenverbände.* Vollständige Barrierefreiheit im ÖPNV: Hinweise für die ÖPNV-Aufgabenträger zum Umgang mit der Zielbestimmung des novellierten PBefG; 2014
16. *Ammoser H, Hoppe M.* Glossar Verkehrswesen und Verkehrswissenschaften: Definitionen und Erläuterungen zu Begriffen des Transport- und Nachrichtenwesens. Dresden: Inst. für Wirtschaft und Verkehr; 2006
17. *Bogdanski R.* Nachhaltige Stadtlogistik durch Kurier-Express-Paketdienste: Studie über die Möglichkeiten und notwendigen Rahmenbedingungen am Beispiel der Städte Nürnberg und Frankfurt am Main. Berlin; 2015
18. *DB Station&Service AG.* Smart City I DB: Smart Locker. Berlin; 2021. https://smartcity.db.de/#smart-locker (06.07.2021)

Logistische Eignung der ÖPNV-Verkehrssysteme: Verkehrsträger Schiene

2

Hinsichtlich einer logistischen Eignung der schienengebundenen ÖPNV-Verkehrssysteme für den Kombinierten Verkehr mit KEP-Wechselbehältern auf der letzten Meile sind vier Themenbereiche Gegenstand der Betrachtung:

- Netzabdeckung und Lagegunst von KEP-Depots
- Logistikgerechte ÖPNV-Infrastruktur der Bahnhöfe und Haltestellen
- Logistikgerechte ÖPNV-Verkehrsmittel
- Auslastung und Taktung in KEP-relevanten Zeitfenstern

2.1 Regionalbahnen

Netzabdeckung und Lagegunst von KEP-Depots
Die Netzabdeckung ist hinsichtlich der Streckenlängen innerhalb der Verkehrsverbünde relativ hoch, in der Regel handelt es sich aber um Zubringerlinien, die das Umland mit Stadtzentren verbinden mit meist nur wenigen oder gar nur einem Bahnhof im Stadtgebiet (vgl. Tab. 1.4). Damit eignen sich Regionalbahnen nicht für einen rein innerstädtischen Kombinierten Verkehr, können jedoch bei entsprechender Lagegunst der KEP-Depots zwei KEP-Einsatzfalle abdecken. Wenn Regionalbahnhöfe als Mikrodepots der KEP-Logistik fungieren können, sind auch kleinere Ortschaften entlang der Regionalbahnstrecken bzw. die Stadtzentren der Endbahnhöfe für den Lastenrad- bzw. LEV-Einsatz prädestiniert. Weiterhin wäre an großen Bahnhöfen (ÖPNV-Verkehrsknotenpunkte) ein Umschlag der Wechselbehälter auf

R. Bogdanski und C. Cailliau, *Kombinierter KEP-Verkehr mit öffentlichen Nahverkehrsmitteln,* essentials, https://doi.org/10.1007/978-3-658-37125-8_2

andere ÖPNV-Verkehrssysteme zur weiteren innerstädtischen Distribution vorstellbar. Folgendes Beispiel spricht für diese Szenarien.

Beispiel KEP-Depot und Regionalbahn[a]

KEP-Depot(s) [Fahrzeit Depot(s) zu Haltestelle via Kfz]	GLS Paketzentrum in Vaihingen/Stuttgart [4 min]
ÖPNV-Ausgangshaltestelle	Bahnhof Vaihingen an der Enz
Barrierefrei/Parkplätze	Vaihingen an der Enz: Stufenfrei/ja Ludwigsburg: Stufenfrei/ja Stuttgart Hbf: Stufenfrei/ja
Denkbare ÖPNV-Zielhaltestelle [Fahrzeit, Takt]	• Ludwigsburg mit – RB 17 Richtung Stuttgart Hauptbahnhof [20–25 min, ca. alle 30 min] • Stuttgart Hauptbahnhof mit – IRE 1 nach Stuttgart Hbf [17–22 min, alle 30 bis 60 min] – RB 17a nach Stuttgart Hbf [36–40 min, alle 60 min]
Pro	Große Distanzen können via Bahn überwunden werden. Mikro depot am Bahnhof Ludwigsburg bereits vorhanden [1], hierhin kann auch DPD Paketzentrum in Ludwigsburg anliefern [12–18 min]. Es gäbe auch noch die Verbindungen IC 2313 nach Stuttgart Hbf, IC 2163 nach Nürnberg Hbf oder ICE 2121 nach München Hbf [je 17 min Fahrzeit], diese wurden jedoch in der Untersuchung nicht berücksichtigt, da es sich um Fernzüge handelt.
Contra	Taktfrequenzen niedrig, Wechsel von einen auf den anderen Zugtyp vermutlich mit Herausforderungen verbunden und nur Richtung Stuttgart möglich.

---

[a] Hinweis: Für alle Beispiele wurden jeweils die schnellsten Straßen-Fahrstrecken ohne Verkehr berücksichtigt. Eine tatsächliche Eignungsprüfung der angegebenen Bahnhöfe und Haltepunkte wurde nicht durchgeführt, da die Beispiele lediglich der Bildung einer groben Vorstellung dienen sollen.

ÖPNV-Infrastruktur der Regionalbahnhöfe

Regionalbahnhöfe sind größere Liegenschaften mit Straßenanbindung, diese können gleichzeitig auch Fernbahnhöfe bzw. Verkehrsknotenpunkte mit Umstiegsmöglichkeit zu anderen ÖPNV-Verkehrssystemen sein. Häufig sind aus der langen Historie auch noch bauliche Gegebenheiten zur Güterabfertigung existent. Daraus ergeben sich vielfältige infrastrukturelle Potentiale, wie die Nutzung als Paketstation [2] oder als Mikrodepot-Standort für den Lastenrad- bzw. LEV-Einsatz (vgl. Tab. 2.1). Allerdings sind auch lange Fußwege bis zum Erreichen des Bahnsteigs und aufgrund der Zuglängen auch auf dem Bahnsteig typisch, was der Effizienz des Behälterumschlags abträglich ist. Da die Gleisanlagen in den allermeisten Fällen nicht direkt überquert werden dürfen, sind Gleisunterführungen notwendig und somit das Überwinden von mindestens einer Ebene erforderlich. Zieht man daher die erforderliche Barrierefreiheit als Muss-Kriterium heran, so ist nicht jeder Regionalbahnhof logistisch geeignet; beim VBB in Brandenburg sind z. B. nur 60,3 % der Bahnhöfe barrierefrei [3, 4], Reisende müssen über eine DB-Website für jeden Bahnhof die Informationen zur vorhandenen Barrierefreiheit ab, um eine ungehinderte Reise sicherzustellen. Laut Integriertem Bericht der DB AG für 2019 sind erst 78 % der rund 5400 Personenbahnhöfe stufenfrei [5].

ÖPNV-Verkehrsmittel: DB Regio Schienenfahrzeuge

Die als Regionalbahnen eingesetzten Schienenfahrzeuge sind 10–30 Jahre im Einsatz [5], sodass das derzeit rollende Material für eine Umsetzung bereits für den Kombinierten Verkehr geeignet sein muss. Da möglichst keine Vermischung von Personentransport und dem Transport von Wechselbehältern erfolgen soll, erscheinen die großen Mehrzweckabteile zur Fahrradmitnahme gut geeignet (vgl. Abb. 2.1), zumal mit vorhandenen Ösen auch Maßnahmen zur Ladungssicherung möglich sind.

Auslastung und Taktung in KEP-relevanten Zeitfenstern

Wie in Abschn. 1.1 ausgeführt, beginnt eine konventionelle Zustelltour nach dem Beladen des Zustellfahrzeugs ab ca. 07:00 im KEP-Depot typischerweise gegen 08:00. Die Rückkunft des Zustellfahrzeugs mit dem Entladen der abgeholten bzw. nicht zustellbaren Sendungen erfolgt typischerweise zwischen 16:00 und 17:00 Uhr. Zu beachten ist hier, dass der Zusteller die gesetzlich vorgeschrieben werktägliche Höchstarbeitszeit von zehn Stunden inklusive der Be- und Entladeprozesse nicht überschreiten darf. Auf den angenommenen ÖPNV-Hauptlauf der Wechselbehälter übertragen ergibt sich zwischen 08:00 und 10:00 Uhr ein für die in Zustellung befindlichen Sendungen beanspruchtes Zeitfenster und zwischen 15:00 und 17:00 Uhr für die zu retournierenden Wechselbehälter.

Tab. 2.1 Erfüllung Eignungskriterien Regionalbahnhöfe für den Behälterumschlag

Kriterium	Beschreibung	Wertigkeit	Bewertung
K1	Erreichbarkeit mit KEP-Fahrzeugen (Straßenanbindung): Ist gegeben, meist P + R Parkplätze, Halte- bzw. Ladezone, Bus- bzw. Taxianfahrt	Muss	🙂
K2	Abstellmöglichkeit für KEP-Fahrzeuge (Transporter, Lastenräder, LEV): Ist gegeben, meist P + R-Parkplätze, Halte- bzw. Ladezone	Muss	🙂
K3	Kurzer Laufweg vom KEP-Fahrzeug zum ÖPNV-Verkehrsmittel: Abhängig von den örtlichen Gegebenheiten, tendenziell sehr lange Laufwege, auch auf dem Bahnsteig	Kann	☹
K4	Barrierefreiheit (Wechsel von Ebenen per Aufzug): Anteil der Bahnhöfe kleiner 100 %	Muss	😐
K5	Installationsmöglichkeit von Paketstationen: Ist gegeben	Kann	🙂
K6	Pufferfläche am Bahnsteig zum Zwischenlagern von Wechselcontainern: Ist in jedem Einzelfall zu ermitteln	Muss	

Die Auslastung der Regionalbahnen wird der über viele Jahre erstaunlich stabilen Tagesganglinie anderer ÖPNV-Verkehrssysteme entsprechen (vgl. Abb. 2.2). Auch die befragten ÖPNV-Experten bestätigten, dass das Zeitfenster 09:00–12:00 Uhr bezüglich der Auslastung unkritisch ist, das Zeitfenster 15:00–17:00 Uhr fällt hingegen genau in die Tageszeit der höchsten Auslastung in der Personenbeförderung und ist daher als kritisch anzusehen; die KEP-Branche sollte daher auf Zeiten ab 09:00 Uhr bzw. ab 17:00 Uhr ausweichen, was sie aber auch kann.

Regionalbahnen verkehren in der Regel im Stundentakt, bei entsprechender Nachfrage auch alle 30 min, im ländlichen Raum teilweise aber auch nur alle zwei Stunden [6]. Damit erweist sich ein ÖPNV-Hauptlauf gerade im Zeitfenster hoher Auslastung als nicht sehr flexibel.

Abb. 2.1 Mehrzweckabteil in einem Zug der DB Regio. (Foto: Cathrin Cailliau)

Zusammenfassend kann festgestellt werden
Regionalbahnen sind für eine ÖPNV-Integration auf der letzten Meile, insbesondere in großflächigen Ballungsräumen mit langen Hauptläufen, sehr gut geeignet. Für den innerstädtischen Kombinierten Verkehr scheiden sie aus, die Versorgung von Großstadtzentren ist aber gut möglich. Eine lokale Lastenradlogistik in entlang der Strecke angebundenen kleineren Städten ist damit trotz weit entfernter KEP-Depots bei entsprechender Lagegunst für den KEP-ÖPNV-Vorlauf möglich, wenn die Bahnhöfe barrierefrei sind und als Mikrodepots und Paketstationen genutzt werden können. Die Schienenfahrzeuge erscheinen mit großen Mehrzweckabteilen zur Fahrradmitnahme für den Transport von Wechselbehältern gut geeignet; infolge langer Taktzeiten ist der ÖPNV-Hauptlauf eher unflexibel.

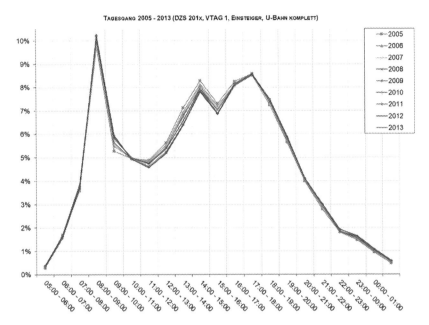

Abb. 2.2 Tagesgang der Nürnberger U-Bahn von 2005–2013 (zur Verfügung gestellt von der VAG Verkehrs-Aktiengesellschaft Nürnberg, 2021)

2.2   S-Bahnen

Netzabdeckung und Lagegunst von KEP-Depots

Die Netzabdeckung ist hinsichtlich der Streckenlängen innerhalb der Verkehrs-verbünde deutlich geringer als bei Regionalbahnen. In der Regel handelt es sich aber sowohl um Zubringerlinien, die das Umland mit Stadtzentren verbinden als auch um Durchmesser- und Ringlinien mit vielen Bahnhöfen im Stadtgebiet (vgl. Tab. 1.4). Damit eignen sich S-Bahnen bei entsprechender Lagegunst der KEP-Depots auch für einen rein innerstädtischen Kombinierten Verkehr.

Beispiel KEP-Depot S-Bahn

KEP-Depot(s) [Fahrzeit Depot(s) zu Haltestelle via Kfz Gro = Großkugel, Grö = Gröbers, S = Schkeuditz, F = Leipzig/Halle Flughafen]	Hermes Logistik Großkugel [Gro 2 min], UPS Center Leipzig [F 12 min, S 14 min], GLS Depot 17 Kabelsketal [Grö 7 min], DHL Frachtzentrum Leipzig [F 6 min, S 7–9 min]
ÖPNV-Ausgangshaltestelle	S-Bahn-Stationen: • S3 (Halle-Trotha – Halle Hbf – Leipzig Hbf – Wurzen) – Großkugel (Hermes) – Gröbers (GLS)[a]
	[a] Dieskau im Westen des Depots wäre auch möglich und in ähnlicher Distanz zum GLS-Depot. Da die meisten Ziele im Osten liegen, wurde Gröbers ausgewählt. – Schkeuditz (DHL, UPS) • S5 (Halle – Leipzig/Halle Flughafen – Leipzig – Zwickau) – Leipzig/Halle Flughafen (DHL, UPS)
Barrierefrei/Parkplätze	• Großkugel: Stufenfrei/ja • Gröbers: Stufenfrei/ja • Schkeuditz: Stufenfrei/ja • Halle Hbf: Stufenfrei/ja • Leipzig/Halle Flughafen: Stufenfrei/ja • Leipzig Hbf: Stufenfrei/ja • Wurzen: Stufenfrei/ja • Zwickau: Stufenfrei/ja
Denkbare ÖPNV-Zielhaltestelle [Fahrzeit ab Gro = Großkugel, Grö = Gröbers, S = Schkeuditz, F = Leipzig/Halle Flughafen, Takt]	• Halle Hbf [Gro 15 min/Grö 11 min/S 21 min, je alle 30 min] • Leipzig Hbf [Gro 24 min/Grö 28–41 min/S 18 min, je alle 30 min] • Wurzen [Gro 1:06 h/Grö 1:08 h/S 1:01 h, je alle 30 min] • Zwickau [F 1:54 h, alle 60 min]

Pro	Halle wie auch Leipzig sind als Ziele möglich, neben kleineren Städten Durch geographische Nähe alternativ bei Ausfällen sowohl Strecke S3 als auch S5 nutzbar, wenn Ziel Halle oder Leipzig (für GLS als westlich gelegenstes Depot ist die Strecke länger als für andere Anbieter, da kein Halt zwischen Flughafen und Halle). Mit der S5 wäre sogar Zwickau als Ziel möglich.
Contra	Vor allem Fluggäste reisen häufig mit Gepäck, was zu Platzkonflikten in der S-Bahn führen könnte

◄

ÖPNV-Infrastruktur der S-Bahnhöfe

S-Bahnhöfe sind meist Liegenschaften mit Straßenanbindung und mit infrastrukturellen Potentialen zur Nutzung als Paketstation [2]. Jedoch sind mittlere Fußwege bis zum Erreichen des Bahnsteigs und aufgrund der Zuglängen auch auf dem Bahnsteig typisch, was der Effizienz des Behälterumschlags abträglich ist. Abstellmöglichkeiten für KEP-Fahrzeuge zum Behälterumschlag sind gerade bei Innenstadtlagen nicht an jedem S-Bahnhof vorhanden. Da die Gleisanlagen in allen Fällen nicht direkt überquert werden dürfen, ist infolge der Unterführungen, wie bei den Regionalbahnen auch, das Überwinden von mindestens einer Ebene erforderlich. Zieht man daher die dafür erforderliche Barrierefreiheit als Muss-Kriterium heran, so sind viele S-Bahnhof logistisch geeignet; bei der S-Bahn Berlin sind z. B. 90 % der S-Bahnhöfe barrierefrei [7] (vgl. Tab. 2.2).

ÖPNV-Verkehrsmittel: Triebwagen

Die als S-Bahnen eingesetzten Triebwagen sind etwa 20 Jahre im Einsatz [8], sodass auch hier das derzeit rollende Material für den Kombinierten Verkehr geeignet sein muss. Da möglichst keine Beeinträchtigung des Personentransports beim Transport von Wechselbehältern erfolgen soll, erscheinen die im Vergleich zu Regionalbahnen relativ kleinen Mehrzweckabteile nur bedingt geeignet (vgl. Abb. 2.1). Gerade die Ausstattung mit Klappsitzen bei kleinem Stellflächenangebot kann hier zu Konfliktsituationen mit Fahrgästen führen [9] (Abb. 2.3).

Tab. 2.2 Erfüllung Eignungskriterien S-Bahnhöfe für den Behälterumschlag

Kriterium	Beschreibung	Wertigkeit	Bewertung
K1	Erreichbarkeit mit KEP-Fahrzeugen (Straßenanbindung): Ist nicht immer gegeben, meist P + R Parkplätze, Halte- bzw. Ladezone, Bus- bzw. Taxianfahrt	Muss	😐
K2	Abstellmöglichkeit für KEP-Fahrzeuge (Transporter, Lastenräder LEV): Ist gegeben, meist P + R Parkplätze, Halte- bzw. Ladezone, aber Kriterium K3 beachten	Muss	🙂
K3	Kurzer Laufweg vom KEP-Fahrzeug zum ÖPNV-Verkehrsmittel: Abhängig von den örtlichen Gegebenheiten, tendenziell mittlere bis lange Laufwege, auch auf dem Bahnsteig	Kann	🙁
K4	Barrierefreiheit (Wechsel von Ebenen per Aufzug): Anteil der Bahnhöfe kleiner 100 %	Muss	🙂
K5	Installationsmöglichkeit von Paketstationen: Ist gegeben	Kann	🙂
K6	Pufferfläche am Bahnsteig zum Zwischenlagern von Wechselbehältern: Ist in jedem Einzelfall zu ermitteln	Muss	Muss

Manche Städte, z. B. München und Hamburg, erlassen daher Sperrzeiten für die Fahrradmitnahme in stark frequentierten Zeitfenstern von 06:00–09:00 Uhr und von 16:00–18:00 Uhr [11, 12], oder Nürnberg zwischen 06:00 und 08:00 Uhr [13].

Auslastung und Taktung in KEP-relevanten Zeitfenstern

Die Ausführungen zu Regionalbahnen, was die erforderlichen Zeitfenster des Kombinierten Verkehrs und die Auslastung im Tagesgang betrifft, gelten für die S-Bahnen entsprechend. S-Bahnen verkehren in der Regel mit relativ kurzen Taktzeiten zwischen 10 und 30 min. Damit erweist sich ein ÖPNV-Hauptlauf als relativ flexibel.

Abb. 2.3 Mehrzweckabteil in der Hamburger S-Bahn [10]

Zusammenfassend kann festgestellt werden
S-Bahnen sind für eine Integration auf der letzten Meile aufgrund der
Streckencharakteristik und Anzahl der Bahnhöfe bedingt für den innerstädtischen Kombinierten Verkehr geeignet. S-Bahnhöfe sind häufig barrierefrei
und können als Paketstationen genutzt werden. Die Triebwagen erscheinen
mit Mehrzweckabteilen für den Transport von Wechselbehältern bedingt
geeignet infolge möglicher Konflikte mit dem Personentransport; durch
kurze Taktzeiten ist der ÖPNV-Hauptlauf flexibel. Ausschlusskriterien einer
Sperrgutbeförderung in den KEP-Zeitfenstern könnten den Transport von
Wechselbehältern mit S-Bahnen unattraktiv machen.

2.3 U-Bahnen

Netzabdeckung und Lagegunst von KEP-Depots

Die Netzabdeckung ist hinsichtlich der Streckenlängen innerhalb der Verkehrsverbünde wesentlich geringer als bei S-Bahnen. Nach der Definition des Verbandes Deutscher Verkehrsunternehmen[1] gibt es in Deutschland ohnehin nur vier Städte mit einem U-Bahn-Netz (Berlin, Hamburg, München, Nürnberg) [15]. Dabei handelt sich um Durchmesser-, Radial- und Ringlinien mit vielen Bahnhöfen im Stadtgebiet (vgl. Tab. 1.4). Damit eignen sich U-Bahnen für einen innerstädtischen Kombinierten Verkehr. Die KEP-Depots sind in vielen Fällen deutlich außerhalb der Stadtgrenzen gelegen, sodass eine Lagegunst bezüglich eines möglichst kurzen KEP-ÖPNV-Vorlaufs selten gegeben sein dürfte. Dies schränkt die logistische Eignung von U-Bahn-Netzen erheblich ein.

Beispiel KEP-Depot U-Bahn

KEP-Depot(s) [Fahrzeit Depot(s) zu Haltestelle via Kfz]	„UPS Center München Stadt" in Garching [5 min]
ÖPNV-Ausgangshaltestelle	U-Bahn-Station: Garching-Hochbrück, U6 (Garching Forschungszentrum <-> Klinikum Großhadern)
Barrierefrei/Parken und Anfahrtmöglichkeit Lastenrad	Ja (alle Münchner U-Bahnhöfe stufenfrei)/Parken und Anfahrtmöglichkeit Lastenrad: • Garching-Hochbrück: Ja • Münchner Freiheit: Ja • Universität: Ja • Goetheplatz: Ja • Implerstraße: Ja • Westpark: Ja • Haderner Stern: Ja • Großhadern: Ja

---

[1] Eine U-Bahn ist schienengebundenes und vom **Individualverkehr** völlig getrenntes **Massenverkehrsmittel,** das ein *geschlossenes und kreuzungsfreies System* bildet. (frei nach [14].)

Denkbare ÖPNV-Zielhaltestelle [Fahrzeit]	Fahrtrichtung jeweils Klinikum Großhadern [alle 4–6 min]: Nördlich des Stadtzentrums: • Münchner Freiheit [15 min] • Universität [18 min] Südlich des Stadtzentrums: • Goetheplatz [24 min] • Implerstraße [27 min] • Westpark [31 min] • Haderner Stern [34 min] • Großhadern [36 min]
Pro	München ist eine Region mit hoher Staubelastung. Der Stau könnte mithilfe der U-Bahn umgangen werden.
Contra	An vielen der U-Bahnhöfe sind extreme Höhenunterschiede zu überwinden. Es gibt keine alternative U-Bahn-Strecke in der Gegend.

◄

ÖPNV-Infrastruktur der U-Bahnhöfe

U-Bahnhöfe sind meist unterirdische Liegenschaften, oft ohne direkte Stra-ßenanbindung, mit eingeschränkten infrastrukturellen Potentialen zur Nutzung als Paketstation. Lediglich oberirdisch gelegene Anfangs- und Endbahnhöfe von U-Bahnlinien können hinsichtlich der logistischen Eignung wie S-Bahnhöfe gewertet werden (vgl. Tab. 2.3). Für unterirdische U-Bahnhöfe sind je nach Tiefe lange Fußwege bis zum Erreichen des Bahnsteigs und aufgrund der Zuglän-gen auch auf dem Bahnsteig typisch, was der Effizienz des Behälterumschlags abträglich ist. Abstellmöglichkeiten für KEP-Fahrzeuge zum Behälterumschlag sind gerade bei unterirdischen Innenstadtlagen nicht an jedem U-Bahnhof vor-handen. Das Überwinden von mindestens einer Ebene ist immer erforderlich. Zieht man daher die Barrierefreiheit als Muss-Kriterium heran, so sind nicht alle U-Bahnhöfe logistisch geeignet; nur das Münchener und das Nürnberger U-Bahn-Netz sind komplett barrierefrei [16, 17]. Bei der BVG in Berlin sind z. B. 32 von 137 U-Bahnhöfe noch nicht barrierefrei [18, 19], die Stadt Hamburg strebt die Barrierefreiheit der U-Bahn bis 2022 an [20].

Tab. 2.3 Erfüllung Eignungskriterien U-Bahnhöfe für den Behälterumschlag

Kriterium	Beschreibung	Wertigkeit	Bewertung
K1	Erreichbarkeit mit KEP-Fahrzeugen (Straßenanbindung): Ist oft nicht gegeben; an oberirdischen Endbahnhöfen P + R Parkplätze, Halte- bzw. Ladezone, Bus- bzw. Taxianfahrt	Muss	😐
K2	Abstellmöglichkeit für KEP-Fahrzeuge (Transporter, Lastenräder, LEV): Ist oft nicht gegeben, an oberirdischen Endbahnhöfen P + R Parkplätze, Halte- bzw. Ladezone	Muss	😐
K3	Kurzer Laufweg vom KEP-Fahrzeug zum ÖPNV-Verkehrsmittel: Abhängig von den örtlichen Gegebenheiten, lange Laufwege, auch auf dem Bahnsteig	Kann	🙁
K4	Barrierefreiheit (Wechsel von Ebenen per Aufzug): Anteil der Bahnhöfe kleiner 100 %	Muss	🙂
K5	Installationsmöglichkeit von Paketstationen: Ist eingeschränkt gegeben	Kann	😐
K6	Pufferfläche am Bahnsteig zum Zwischenlagern von Wechselbehältern: Ist in jedem Einzelfall zu ermitteln	Muss	Muss

ÖPNV-Verkehrsmittel: Triebwagen

Die als U-Bahnen eingesetzten Triebwagen sind etwa 20 Jahre im Einsatz [8], sodass auch hier das derzeit rollende Material für den Kombinierten Verkehr geeignet sein muss. Da möglichst keine Beeinträchtigung des von Personentransportes beim Transport von Wechselbehältern erfolgen soll, erscheinen U-Bahn-Triebwagen nur bedingt geeignet. Besondere Mehrzweckabteile gibt es in der Regel nicht, lediglich Bereiche ohne Sitzgruppen oder mit Klappsitzen (vgl. Abb. 2.4), was zu Konfliktsituationen führen kann [9]. Manche Städte, z. B. München, erlassen daher Sperrzeiten für die Fahrradmitnahme in stark frequentierten Zeitfenstern 06:00–09:00 und 16:00–18:00 Uhr [12].

Abb. 2.4   U-Bahn Nürnberg Baureihe DT3 [21]

Auslastung und Taktung in KEP-relevanten Zeitfenstern
Die Ausführungen zu den erforderlichen Zeitfenstern des Kombinierten Verkehrs
und der Auslastung im Tagesgang bei Regionalbahnen gelten auch für die U-
Bahnen entsprechend. Interessant sind in diesem Zusammen auch Erhebungen
zum Wochengang und zum Jahresgang. Der Wochengang unterscheidet sich von
Montag bis Freitag nicht sehr, Samstag und Sonntag weichen vor allem im
Frühzeitfenster ab (vgl. Abb. 2.5).
    Der Jahresgang ist deutlich stabiler als der Tages- und Wochengang, vgl.
Abb. 2.6. Lediglich der August ist durch die Ferienzeit deutlich schwächer ausge-
lastet; der Dezember durch den Sondereffekt des Nürnberger Christkindlesmarkt
etwas stärker, was für andere ÖPNV-Verkehrssysteme oder auch andere Städte
wohl eher nicht relevant ist oder wenn dann anhand anderer lokaler Großevents,
wie z. B. dem Karneval oder Oktoberfest.
    U-Bahnen verkehren in der Regel mit sehr kurzen Taktzeiten von weni-
gen Minuten. Damit erweist sich ein ÖPNV-Hauptlauf gerade im Zeitfenster

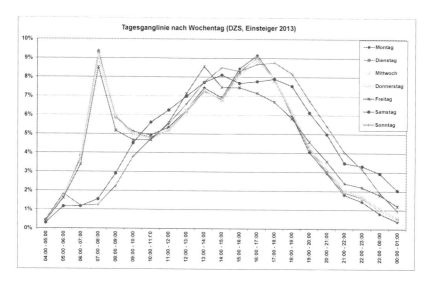

Abb. 2.5 Wochengang der Nürnberger U-Bahn, zur Verfügung gestellt von der VAG Verkehrs-Aktiengesellschaft Nürnberg, 2021

hoher Auslastung als sehr flexibel. Allerdings kann der Ausschluss der Fahrradmitnahme gerade in bestimmten Zeitfenstern einen kritischen Erfolgsfaktor darstellen.

Zusammenfassend kann festgestellt werden
U-Bahnen sind für eine Integration auf der Letzten Meile aufgrund der Streckencharakteristik und Besonderheiten der unterirdischen Bahnhöfe nur in Einzelfällen für den innerstädtischen Kombinierten Verkehr geeignet. U-Bahnhöfe sind häufig barrierefrei und können gegebenenfalls als Paketstationen genutzt werden. Die Triebwagen erscheinen durch das Fehlen von Mehrzweckabteilen für den Transport von Wechselbehältern nur bedingt geeignet infolge der vorhersehbaren Konflikte mit dem Personentransport. Dank kurzer Taktzeiten ist der ÖPNV-Hauptlauf sehr flexibel. Der Ausschluss einer Sperrgutbeförderung in den KEP-Zeitfenstern könnten den Transport von Wechselbehältern in U-Bahnen unattraktiv machen.

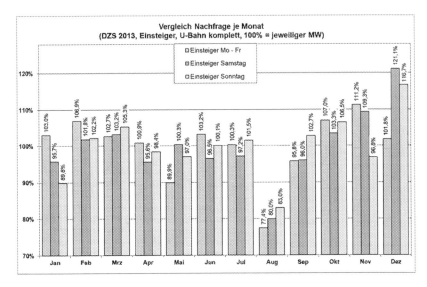

Abb. 2.6 Jahresgang der Nürnberger U-Bahn 2013, zur Verfügung gestellt von der VAG Verkehrs-Aktiengesellschaft Nürnberg, 2021

2.4   Straßenbahnen, Trambahnen

Netzabdeckung und Lagegunst von KEP-Depots

Eine Straßenbahn ist ein schienengebundenes Verkehrsmittel, welches ursprünglich ausschließlich im innerstädtischen Bereich direkt in den öffentlichen Straßenraum integriert wurde. Weiterentwicklungen des Verkehrssystems führten zu eigenen Gleiskörpern entlang von Straßen, auch in Tunneln. Diese Fälle werden dann oft als „Stadtbahnen" bezeichnet [22]. Manche Linien verbinden über eigene Gleiskörper Vororte mit Stadtzentren beziehungsweise erschließen das Umland der Städte [23]. Straßenbahnen werden im Unterschied zu Eisenbahnen nach der „Verordnung über den Bau und Betrieb der Straßenbahn" (BOStrab) betrieben, da diese am öffentlichen Straßenverkehr teilnehmen, auf Sicht fahren und zum Beispiel Fahrtrichtungsanzeiger besitzen müssen, ähnlich einem Kfz.

Die Netzabdeckung ist hinsichtlich der Streckenlängen innerhalb der Verkehrsverbünde wesentlich geringer als bei S-Bahnen. In manchen Städten wurden Straßenbahnen zugunsten anderer Verkehrssysteme stillgelegt, so fuhr 1978 in Hamburg die letzte Straßenbahn und Planungen zur Wiederaufnahme des Betriebs wurden 2011 gestoppt [24]. Straßenbahnlinien sind Durchmesser-, Radial- und Tangentiallinien mit vielen Haltestellen im Stadtgebiet (vgl. Tab. 1.4). Damit eignen sich Straßenbahnen für einen innerstädtischen Kombinierten Verkehr. Die KEP-Depots sind in vielen Fällen deutlich außerhalb der Stadtgrenzen gelegen, sodass eine Lagegunst bezüglich eines möglichst kurzen KEP-ÖPNV-Vorlaufs selten gegeben ist. Dies schränkt die logistische Eignung von Straßenbahnnetzen erheblich ein.

Es gibt einen laufenden Cargo-Tram-Betrieb und drei bekannte Projekte bzw. konkrete Cargo-Tram-Überlegungen in Deutschland.

Cargo-Tram Dresden, Frankfurt, Karlsruhe, Berlin

In den Jahren 2001–2020 wurde in Dresden von der DVB eine Cargo-Tram zur Versorgung des Volkswagen-Montagewerks „Gläserne Manufaktur" betrieben. Dabei wurden zwei exklusiv für den VW-Konzern betriebene Straßenbahnzüge mit einer Zuladung von jeweils 60 t und 214 m^3 eingesetzt. Diese waren ausschließlich für den Güterverkehr konzipiert, mit täglich sieben bis acht Umläufen auf etwa 12 km Strecke zwischen dem GVZ Dresden und der „Gläsernen Manufaktur" [25]. Das Montagewerk hat einen eigenen Gleisanschluss, sodass lediglich die Trasseninfrastruktur genutzt wurde, die auf der Strecke befindlichen Straßenbahnhaltestellen wurden ohne Halt durchfahren. Es handelte sich somit um ein proprietäres Logistiksystem und stellt insofern keinen Anwendungsfall für eine ÖPNV-Integration auf der Letzten Meile im Sinne dieser Studie dar.

In Frankfurt am Main wurde im Jahr 2018/2019 das Projekt „LastMileTram – Empirische Forschung zum Einsatz einer Güterstraßenbahn am Beispiel Frankfurt am Main" mit einem mehrtägigen Pilotversuch durchgeführt [26]. Projektpartner war u. a. das KEP-Unternehmen Hermes [27]. Es wurde der Transport und Umschlag von am Markt verfügbaren Lastenrad-Wechselbehältern untersucht. Wie auch in Dresden wurde von einem reinen Güterstraßenbahnbetrieb ausgegangen, allerdings mit serienmäßigen Triebwagen und Behälterumschlag an Straßenbahnhaltestellen. Der Pilotversuch fand allerdings lediglich zwischen dem Straßenbahnbetriebshof und einer wenig frequentierten Endhaltestelle mit Wendeschleife statt. Für einen angestrebten Behälterumschlag entlang der Straßenbahnlinien wurden Kriterien für die logistische Eignung der Haltestellen entwickelt und das gesamte Frankfurter Straßenbahnnetz analysiert [26]. Von 180 untersuchten Haltestellen erwiesen sich dabei nur 24 Haltestellen als logistisch geeignet und weitere 11 Haltestellen nur als bedingt geeignet. Die Empfehlung lautete daher, nach

Möglichkeit Straßenbahndepots und Wendeschleifen für den Behälterumschlag zu nutzen. In der Wirtschaftlichkeitsbetrachtung war der Güterstraßenbahnbetrieb in Kombination mit dem Einsatz von Lastenrädern dem konventionellen KEP-Verkehrssystem auf der Letzten Meile klar unterlegen, was in einem Folgeprojekt weiter untersucht werden soll [28]. Eine wichtige Erkenntnis war die Notwendigkeit von standardisierten, lastenradkompatiblen Wechselcontainer als Grundlage für den Kombinierten Verkehr auf der letzten Meile [29]. Auch dieser geplante Anwendungsfall ist damit kein Anwendungsfall für eine ÖPNV-Integration auf der letzten Meile im Sinne dieser Studie.

Im März 2021 startete in Karlsruhe das Projekt „LogIKTram", um eine Güterstraßenbahn auf der Basis des „Karlsruher Modells" zu entwickeln. In einem zweiten Projekt, „regioKArgoTramTrain", soll die Tram im Realbetrieb als Zweisystem-Stadtbahn fahren, mit der kombinierten Nutzung von Straßenbahnstrecken in der Stadt und Eisenbahnstrecken im Umland [30]. Dazu soll zunächst ein älteres Schienenfahrzeug getestet werden, welches speziell für den Transport von Gütern angepasst ist. Vor einem Realbetrieb sind zusätzlich weitere Projektinhalte wie z. B. die Gestaltung der Umschlagvorgänge und die rechtlichen Grundlagen zu bearbeiten. Das beteiligte Unternehmen Albtal-Verkehrs-Gesellschaft mbH (AVG) aus Karlsruhe ist ein Sonderfall, weil es sowohl für den ÖPNV als auch für den Güterverkehr zuständig ist. Das Unternehmen beschreibt seine Tätigkeiten selbst wie folgt:

„Die AVG fährt Güterzüge aus dem Hafen oder von den Raffinerien zum Güterbahnhof Karlsruhe, wo sie von Kooperationspartnern übernommen werden. Auch aus dem Murgtal, dem Albtal und dem Kraichgau befördern wir Güterzüge nach Karlsruhe oder Bruchsal. Seit Mitte des Jahres 2005 fahren wir mehrmals pro Woche Züge von der Kreismülldeponie in Ubstadt sowie für die Stadt Karlsruhe vom Karlsruher Güterbahnhof zur Müllverwertung nach Mannheim. Unser Ziel ist es, weitere Güterverkehre ,auf die Schiene' zu bringen." [31]

Bei bestehendem Auftrag zur Durchführung von Gütertransporten ist eine Nutzung der vorhandenen Infrastruktur für KEP-Leistungen voraussichtlich leichter als bei einem Verkehrsunternehmen, dessen Aufgabe im Moment der reine Personentransport ist.

In Berlin wird derzeit eine Integration der Straßenbahn auf der Letzten Meile mit dem Transport von Lastenrad-Wechselcontainern diskutiert [32]; ob es zu einem Projekt kommt, ist noch offen.

Zusammenfassend kann zu den in Deutschland bekannten Cargo-Tram-Aktivitäten festgestellt werden:

Die über viele Jahre erfolgreich eingesetzte Dresdener Cargo-Tram stellte einen proprietären Sonderfall der konzerneigenen Werkslogistik dar. Für die Integration von Straßenbahnen auf der Letzten Meile der KEP-Logistik besteht noch erheblicher Forschungsbedarf. Hinsichtlich der Wirtschaftlichkeit von reinen, nachfrageoffenen Güterstraßenbahnen (d. h. kein Mischbetrieb von Personen- und Güterbeförderung) ist kein aktiver Anwendungsfall bekannt und es ist Skepsis geboten infolge der ungeklärten Investitionskosten, ungeklärten Nachfrage seitens der Logistikbranche und der Notwendigkeit von Betreibermodellen. Auch die Dresdner Cargo-Tram wurde Ende 2020 eingestellt und die Lieferung wieder auf LKW umgestellt. Gründe: Neben eines Rückgangs des Volumens wegen der Verlegung eines Teils der Produktion war laut VW die Belieferung via Straßenbahn in Betrieb, Service und Reparaturen bedeutend teurer via LKW [33, 34].◄

ÖPNV-Infrastruktur der Straßenbahnhaltestellen
Straßenbahnhaltestellen sind im Linienverlauf ebenerdige Liegenschaften mit direkter Straßenanbindung und stark eingeschränkten infrastrukturellen Potentialen zur Nutzung als Paketstation. Einen Sonderfall stellen Endhaltestellen mit Wendeschleifen für die Triebwagen dar, hier sind je nach den örtlichen Gegebenheiten innerhalb der Wendeschleife auch größere Flächen für eine logistische Nutzung verfügbar. Ein Beispiel ist das Mikro depot-Projekt „KoMoDo" 2018/2019 in Berlin, welches eine Tram-Wendeschleife im Stadtteil Prenzlauer Berg als Standort für Containerlösungen zum Einsatz von Lastenrädern nutzte [35]. Allerdings wurde in diesem Projekt nur die Liegenschaft für logistische Zwecke genutzt, nicht jedoch die Tram als ÖPNV-Verkehrssystem. Tram-Endhaltestellen mit Wendeschleifen können grundsätzlich als gut logistisch geeignet für den Kombinierten Verkehr eingestuft werden, unter der zwingenden Voraussetzung einer gegebenen Lagegunst der KEP-Depots für einen möglichst kurzen KEP-ÖPNV-Vorlauf (vgl. Tab. 2.4).

Tab. 2.4 Erfüllung Eignungskriterien Straßenbahn-Endhaltestellen mit Wendeschleife für den Behälterumschlag

Kriterium	Beschreibung	Wertigkeit	Bewertung
K1	Erreichbarkeit mit KEP-Fahrzeugen (Straßenanbindung): Ist gegeben, je nach lokalen Gegebenheiten	Muss	☺
K2	Abstellmöglichkeit für KEP-Fahrzeuge (Transporter, Lastenräder, LEV): Ist nicht gegeben, je nach lokalen Gegebenheiten	Muss	☺
K3	Kurzer Laufweg vom KEP-Fahrzeug zum ÖPNV-Verkehrsmittel: Ist gegeben	Kann	☺
K4	Barrierefreiheit (Wechsel von Ebenen per Aufzug): Nicht relevant, ebenerdige Liegenschaft	Muss	☺
K5	Installationsmöglichkeit von Paketstationen: Ist gegeben	Kann	☺
K6	Pufferfläche am Bahnsteig zum Zwischenlagern von Wechselcontainern: Ist in jedem Einzelfall zu ermitteln	Muss	

Beispiel KEP-Depot Straßenbahnendhaltestelle

KEP-Depot(s) [Fahrzeit Depot(s) zu Haltestelle via Kfz]	DPD Depot 112 [9–16 min] Hermes Depot Berlin Ost [9–16 min]
ÖPNV-Ausgangshaltestelle	BVG Betriebshof Marzahn, erste Haltestelle im Netz: „Brodowiner Ring (Berlin)"
Barrierefrei/Parken	BVG Betriebshof Marzahn: Nicht bewertet da Betriebshof U Alexanderplatz: Stufenfrei, ja
Denkbare ÖPNV-Zielhaltestelle [Fahrzeit]	U Alexanderplatz [40 min, alle 10 min]
Pro	Direkte Verbindung ins Berliner Zentrum
Contra	Bei Berufsverkehr Stau auf dem Weg zum Betriebshof möglich, in Bereichen ohne separate Gleisführung

◄

ÖPNV-Infrastruktur der Straßenbahnhaltestelle

Klassische Straßenbahnhaltestellen entlang der Linien müssen hinsichtlich der bekannten Bauformen für den Kombinierten Verkehr im Detail analysiert werden. Eine Besonderheit des ÖPNV-Verkehrssystems Straßenbahn ist die häufige Gleisführung in der Straßenmitte, entweder mit separatem Gleiskörper oder direkt in den Fahrbahnbelag integriert. Tab. 2.5 zeigt die möglichen Haltestellenformen für die Gleisführung in Mittellage auf.

Für den Behälterumschlag sind Straßenbahnhaltestellen mit Gleisführung in Mittellage nicht geeignet, wie die Bewertung der Kriterien in Tab. 2.6 zeigt.

Bei einer Gleisführung der Straßenbahn seitlich der Richtungsfahrbahnen, mit separatem Gleiskörper oder direkt in den Fahrbahnbelag integriert, ergibt sich eine etwas andere Bewertung. Tab. 2.7 zeigt die möglichen Haltestellenformen für die Gleisführung in Seitenlage auf.

Tab. 2.5 Formen von Straßenbahnhaltestellen mit Gleisführung in Mittellage [36]

Lage des Wartebereichs	Beschreibung	Prinzipdarstellung
Insellage im Straßenraum	Wartebereich seitlich der Gleise jeweils in Fahrtrichtung Richtungsfahrbahnen für den Kfz-Verkehr müssen überquert werden, in der Regel mit Fußgängerampeln gesichert	
	Wartebereich als Mittelbahnsteig zwischen den Gleisen für beide Fahrtrichtungen Richtungsfahrbahnen für den Kfz-Verkehr müssen überquert werden, in der Regel mit Fußgängerampeln gesichert	

(Fortsetzung)

Tab. 2.5 (Fortsetzung)

Lage des Wartebereichs	Beschreibung	Prinzipdarstellung
Seitenlage am Straßenraum	Wartebereich am Fahrbahnrand, jeweils in Fahrtrichtung Richtungsfahrbahnen für den Kfz-Verkehr müssen überquert werden, signaltechnischer Schutz durch eine dynamische Zeitinsel	
	Wartebereich am Fahrbahnrand, jeweils in Fahrtrichtung Richtungsfahrbahnen für den Kfz-Verkehr müssen überquert werden, kein signaltechnischer Schutz; für Kfz gilt §20 StVO (Fahrverhalten bei öffentlichen Verkehrsmitteln und Schulbussen)	

Für den Behälterumschlag sind Straßenbahnhaltestellen mit Gleisführung in Seitenlage nicht ebenfalls nicht geeignet, wie die Bewertung der Kriterien in Tab. 2.8 zeigt.

Zusammenfassend kann festgestellt werden
Endhaltestellen von Straßenbahnen mit Wendeschleifen sind logistisch für den Behälterumschlag eines Kombinierten Verkehrs geeignet [26]; bei gegebener Lagegunst der KEP-Depots für einen möglichst kurzen KEP-ÖPNV-Vorlauf. Straßenbahnhaltestellen mit Gleisführung in Seitenlage können, je nach örtlichen Gegebenheiten, als Umschlagspunkt für den

Tab. 2.6 Erfüllung Eignungskriterien Straßenbahnhaltestellen mit Gleisführung in Mittellage für den Behälterumschlag

Kriterium	Beschreibung	Wertigkeit	Wertigkeit
K1	Erreichbarkeit mit KEP-Fahrzeugen (Straßenanbindung): Ist nicht gegeben bei Insellage, keine Haltemöglichkeit bei Seitenlage	Muss	☹
K2	Abstellmöglichkeit für KEP-Fahrzeuge (Transporter, Lastenräder, LEV): Ist nicht gegeben, keine Abstellmöglichkeit	Muss	☹
K3	Kurzer Laufweg vom KEP-Fahrzeug zum ÖPNV-Verkehrsmittel: Ist nicht gegeben	Kann	☹
K4	Barrierefreiheit (Wechsel von Ebenen per Aufzug): Nicht relevant, ebenerdige Liegenschaft	Muss	☺
K5	Installationsmöglichkeit von Paketstationen: Ist nicht gegeben	Kann	☹
K6	Pufferfläche am Bahnsteig zum Zwischenlagern von Wechselbehältern: Ist in jedem Einzelfall zu ermitteln	Muss	

ÖPNV-KEP-Nachlauf mit Lastenrädern geeignet sein. Straßenbahnhaltestellen mit Gleisführung in Mittellage sind für den Behälterumschlag eines Kombinierten Verkehrs ungeeignet.

ÖPNV-Verkehrsmittel: Straßenbahn-Triebwagen

Die als Straßenbahnen eingesetzten Triebwagen sind ebenfalls mindestens 20 Jahre im Einsatz [8], teilweise auch deutlich länger. So wurden in Berlin beispielsweise Hochflur-Triebwagen vom Typ KT4 des tschechischen Herstellers Tatra erst nach 45 Jahre ausgemustert [37], in vielen anderen deutschen Städten sind sie immer noch im täglichen Betrieb. Hochflurtriebwagen sind als rollendes Material für den Kombinierten Verkehr ungeeignet. Moderne Niederflur-Triebwagen kommen grundsätzlich infrage, da aber möglichst keine Beeinträchtigung des Personentransports beim Transport von Wechselbehältern erfolgen soll, erscheinen auch moderne Niederflur-Triebwagen aus Platzgründen nur bedingt geeignet. Besondere Mehrzweckabteile gibt es in der Regel nicht,

Tab. 2.7 Formen von Straßenbahnhaltestellen mit Gleisführung in Seitenlage [36]

Lage des Wartebereichs	Beschreibung	Prinzipdarstellung
Seitenlage am Straßenraum	Wartebereich am Fahrbahnrand jeweils in Fahrtrichtung; Gleise sind seitlich in den Fahrbahnbelag integriert Kfz-Verkehr wartet hinter der Straßenbahn oder überholt auf der Gegenfahrbahn	
	Wartebereich als Kap (vorgezogener Seitenraum) jeweils in Fahrtrichtung; Gleise sind in den Fahrbahnbelag integriert Kfz-Verkehr wartet hinter der Straßenbahn	
	Wartebereich seitlich der Gleise mit separater Trassenführung jeweils in Fahrtrichtung Richtungsfahrbahnen für den Kfz-Verkehr müssen nicht überquert werden	

lediglich Bereiche ohne Sitzgruppen oder mit Klappsitzen (vgl. Abb. 2.7), was zu Konfliktsituationen führen kann [9].

Manche Städte, z. B. Augsburg, erlauben die Fahrradmitnahme in Straßenbahnen nur in Zeitfenstern von 09:00–15:00 Uhr und ab 18:30 Uhr [38], die MVG in München verbietet die Fahrradmitnahme in Trams gänzlich [12]. Wieder andere Städte wie z. B. Würzburg schränken zeitlich nicht ein [39], garantieren aber keine Fahrradmitnahme.

Tab. 2.8 Erfüllung Eignungskriterien Straßenbahnhaltestellen mit Gleisführung in Seitenlage für den Behälterumschlag

Kriterium	Beschreibung	Wertigkeit	Wertigkeit
K1	Erreichbarkeit mit KEP-Fahrzeugen (Straßenanbindung): Ist für motorisierte KEP-Transporter und LEV nicht gegeben bzw. keine Haltemöglichkeit; für Lastenräder eingeschränkt gegeben (falls ein nicht auf der Richtungsfahrbahn gelegener Radweg vorhanden ist)	Muss	😐
K2	Abstellmöglichkeit für KEP-Fahrzeuge (Transporter, Lastenräder, LEV): Ist für motorisierte KEP-Transporter und LEV nicht gegeben, eingeschränkte Abstellmöglichkeit für Lastenräder	Muss	😐
K3	Kurzer Laufweg vom KEP-Fahrzeug zum ÖPNV-Verkehrsmittel: Ist gegeben für Lastenräder	Kann	😐
K4	Barrierefreiheit (Wechsel von Ebenen per Aufzug): Nicht relevant, ebenerdige Liegenschaft	Muss	🙂
K5	Installationsmöglichkeit von Paketstationen: Ist eingeschränkt gegeben	Kann	😐
K6	Pufferfläche am Bahnsteig zum Zwischenlagern von Wechselcontainern: Ist in jedem Einzelfall zu ermitteln	Muss	

Auslastung und Taktung in KEP-relevanten Zeitfenstern

Die Ausführungen zu den erforderlichen Zeitfenstern des Kombinierten Verkehrs und der Auslastung im Tagesgang bei Regionalbahnen gelten auch für die Straßenbahnen entsprechend. Straßenbahnen verkehren in der Regel mit kurzen Taktzeiten von wenigen bis zwanzig Minuten (vgl. Tab. 1.2). Damit erweist sich ein ÖPNV-Hauptlauf gerade im Zeitfenster hoher Auslastung als relativ flexibel. Allerdings kann der Ausschluss der Sperrgut-/Fahrradmitnahme gerade in bestimmten Zeitfenstern einen kritischen Erfolgsfaktor darstellen, wenn er auch für Wechselcontainer gilt.

Abb. 2.7 Berliner Straßenbahn Flexity [40]

Zusammenfassend kann festgestellt werden
Straßenbahnen sind für eine Integration auf der letzten Meile aufgrund der
Streckencharakteristik und Besonderheiten der Gleisführung im Straßen-
raum mit ebenerdigen Haltestellen nur in Einzelfällen für den innerstädti-
schen Kombinierten Verkehr geeignet. Endhaltestellen mit Wendeschleifen
sind bei entsprechender Lagegunst von KEP-Depots für den KEP-ÖPNV-
Vorlauf gut geeignet. Hochflur-Triebwagen sind ungeeignet. Moderne
Niederflur-Triebwagen sind geeignet, erscheinen aber durch das Fehlen von
Mehrzweckabteilen und das relativ geringe Angebot an Stellflächen für den
Transport von Wechselbehältern problematisch infolge der vorhersehbaren
Konflikte mit dem Personentransport. Durch relativ kurze Taktzeiten ist
der ÖPNV-Hauptlauf flexibel. Ausschlusskriterien einer Sperrgutbeförde-
rung in den KEP-Zeitfenstern könnten den Transport von Wechselbehältern
mit Straßenbahnen unattraktiv machen.

Literatur

1. Franck-Areal als Mikrodepot für Paketdienstleister – Pakete kommen mit dem Lastenrad. Ludwigsburger Kreiszeitung 2021
2. *DB Station&Service AG.* Smart City I DB: Smart Locker. Berlin; 2021. https://smartcity. db.de/#smart-locker (06.07.2021)
3. *DB Regio AG.* Barrierefreiheit mit der DB Regio. Berlin; 2021. https://www.dbregio.de/ verantwortung/barrierefreiheit (06.07.2021)
4. *DB Station&Service AG.* bahnhof.de. Berlin; 2021. https://www.bahnhof.de/bahnhof-de (06.07.2021)
5. *Deutsche Bahn AG.* Deutsche Bahn Integrierter Bericht 2019: Deutschland braucht eine starke Schiene. Berlin; 2019
6. *Deutsche Bahn AG.* Die Deutsche Bahn AG in Niederbayern: Zahlen, Daten und Fakten zur Deutschen Bahn in Niederbayern; 2021. https://www.deutschebahn.com/ pr-muenchen-de/hintergrund/die_db_in_der_region/db_in_Niederbayern-1329238 (06.07.2021)
7. *S-Bahn Berlin GmbH.* Barrierefrei mit der S-Bahn unterwegs: Wir bieten ein großes Spektrum an Hilfen, um allen Fahrgästen eine barrierefreie Nutzung der Bahnhöfe und Züge zu ermöglichen. Berlin; 2021. https://sbahn.berlin/fahren/bahnhofsuebersicht/bar rierefrei-unterwegs/ (06.07.2021)
8. *Bundesfinanzministerium.* AfA-Tabelle für den Wirtschaftszweig „Personen- und Güterbeförderung (im Straßen- und Schienenverkehr)": Fassung vom 26.01.1998; 1998. https://www.bundesfinanzministerium.de/Content/DE/Standardartikel/Themen/ Steuern/Weitere_Steuerthemen/Betriebspruefung/AfA-Tabellen/AfA-Tabelle_Pers onen-und-Gueterbefoerderung.html (01.07.2021)
9. *Maier S.* Fahrräder in S-Bahnen in der Region Stuttgart: Kampf um die Sitzplätze im Mehrzweckabteil. Stuttgarter Nachrichten 2017
10. *Wikimedia Commons.* Ein modernisierter Triebwagen der Baureihe 474 mit Durchgängen, Mehrzweckabteil und Fahrgastinformationssystem; 2019. https://commons.wikime dia.org/wiki/File:Modernisierter_474.3_von_innen.jpg (13.12.2021)
11. *hamburg.de.* HVV Fahrradmitnahme Hamburg; 2021. https://www.hamburg.de/ser vices-rund-ums-fahrrad/2183410/hvv-fahrradmitnahme/ (01.07.2021)
12. *Muenchen.de.* Darf ich mein Fahrrad mit in U-Bahn und S-Bahn nehmen? München; 2021. https://www.muenchen.de/verkehr/fahrrad/fahrradmitnahme.html (01.07.2021)
13. *Verkehrsverbund Großraum Nürnberg* (VGN). Bedingungen für die Mitnahme von Fahrrädern in Verkehrsmitteln des VGN. Nürnberg; 2021. https://www.vgn.de/produkte/gem einschaftstarif/kapitel/05/ (01.07.2021)
14. *Verband Deutscher Verkehrsunternehmen* (VDV). Der Straßenbahner – Handbuch für U-Bahn, Stadt- und Straßenbahner. Köln: Beka – Einkaufs- und Wirtschaftsgesellschaft für Verkehrsunternehmen; 2001
15. *Statista.* Streckenlänge der größten U-Bahnnetze in Deutschland 2018; 2020. https://de. statista.com/statistik/daten/studie/892720/umfrage/streckenlaenge-der-groessten-u-bah nnetze-in-deutschland/ (01.07.2021)

16. *Münchner Verkehrs- und Tarifverbund GmbH* (MVV). Barrierefreies Fahren: München barrierefrei erleben; 2021. https://www.mvv-muenchen.de/service/weitere-mobilitaetsa ngebote/barrierefreies-fahren/index.html (25.05.2021)
17. *Verkehrs-Aktiengesellschaft Nürnberg* (VAG). Barrierefreies Fahren: Mobil mit Rollstuhl und Kinderwagen. Nürnberg; 2021. https://www.vag.de/mobilitaet-fuer-alle/mit-rollstuhl-und-kinderwagen/ (06.07.2021)
18. *Bruns H.* Noch sind 32 Berliner U-Bahn- und sieben S-Bahnstationen nicht barrierefrei. B.Z. Online 2021
19. *berlin.de.* U-Bahn: Linien, Fahrpläne und Fahrpreise der U-Bahn in Berlin; 2021. https://www.berlin.de/tourismus/infos/nahverkehr/1742343-1721041-ubahn.html (13.12.2021)
20. *hamburg.de.* Barrierefreier Ausbau der U-Bahn-Stationen; 2020. https://www.hamburg.de/bus-bahn/2845540/barrierefreier-ausbau-u-bahn-stationen/ (01.07.2021)
21. *Wikimedia Commons.* DT3 733/734, innen; 2012. https://commons.wikimedia.org/wiki/File:I08_583e_DT3_733-734,_innen.jpg (13.12.2021)
22. *Klein N.* Stadtbahnsysteme und ihre Einsatzgrenzen. Aachen: Selbstverl. am Inst. für Stadtbauwesen RWTH Aachen; 1978
23. *Zweckverband Stadt-Umland-Bahn Nürnberg – Erlangen – Herzogenaurach.* Stadt-Umland-Bahn I Nürnberg – Erlangen – Herzogenaurach. Erlangen; 2021. https://stadtu mlandbahn.de/ (06.07.2021)
24. *strassenbahn-hamburg.de.* Stadtbahn am Ende: Planfeststellungsverfahren gestoppt; 2011. https://archive.ph/20120919092430/http://www.strassenbahn-hamburg.de/akt uelle-meldungen/2011-05-10-stadtbahn-am-ende-planfeststellungsverfahren-gestoppt (01.07.2021)
25. *Oelmann W.* Die Dresdner Güterstraßenbahn – Ein System für alle Fälle?; 2018. https://www.dvb.de/~/media/files/die-dvb/dvb-vortrag-cargotram.pdf (12.05.2021)
26. *Schocke K-O, Schäfer P, Höhl S, Gilbert A.* Abschlussbericht LastMileTram: Empirische Forschung zum Einsatz einer Güterstraßenbahn am Beispiel Frankfurt am Main. Frankfurt am Main; 2020
27. *Hermes Newsroom.* Letzte Meile: Lieferung per Straßenbahn – eine praktikable Lösung für die nachhaltige Stadtlogistik? I Hermes Newsroom; 2019. https://newsroom.hermes world.com/letzte-meile-lieferung-per-strassenbahn-eine-praktikable-loesung-fuer-die-nachhaltige-stadtlogistik-17327/ (12.05.2021)
28. *Initiative Mobiles Hessen 2030.* Weniger Lieferverkehr durch Güter-Tram – Land fördert Versuch in Frankfurt: Mit weiteren 136.000 € beteiligt sich Hessen an der Erprobung einer Güter-Straßenbahn in Frankfurt. Wiesbaden; 2021. https://www.mobileshe ssen2030.de/Nachrichten/37282 (01.07.2021)
29. *Gernant E, Seelbach B, Dungs J et al.* Intermodale Logistikkette im urbanen Raum: Wie der Einsatz standardisierter Container im Feld die „letzte Meile" optimiert; 2021
30. *Reichel J.* KIT erprobt Cargo-Tram für Pakete. VISION mobility 2021
31. *Albtal Verkehrs Gesellschaft mbH* (AVG). Güterverkehr: Verlässlicher Partner auf der Schiene. Karlsruhe; 2021. https://www.avg.info/geschaeftskunden/gueterverkehr.html (30.06.2021)
32. *Neumann P.* Cargo Tram in Berlin: BVG testet Gütertransport in der Straßenbahn. Berliner Zeitung 2021
33. *Grüner S.* Cargo Tram: VW beendet Belieferung per Straßenbahn – Golem.de. Golem.de 2020

34. *Springer C.* Dresden: VW beendet Ära der Cargo-Tram in Dresden. Sächsische Zeitung 2020
35. *Kaden C.* KoMoDo – Kooperative Nutzung von Mikro-Depots durch die KEP-Branche für den nachhaltigen Einsatz von Lastenrädern in Berlin; 2020. https://nationaler-radverkehrsplan.de/de/praxis/komodo-kooperative-nutzung-von-mikro-depots-durch (19.05.2021)
36. *Berger R, Medicus M, Schmotz M et al.* Verkehrssicherheit an Haltestellen des ÖPNV. Berlin; 2020
37. *Hasselmann J.* Diese Fahrt endet hier – nach 45 Jahren: Berlin verabschiedet sich von den tschechischen Tatra-Trams. Tagesspiegel Online 2021
38. *Stadtwerke Augsburg Holding GmbH* (SWA). Fahrradmitnahme in Combino-, CityFlex-Straßenbahnen und Mercedes Citaro Bussen; 2021. https://www.sw-augsburg.de/mobili taet/swa-bus-tram/fahrradmitnahme/ (01.07.2021)
39. *Verkehrsunternehmens-Verbund Mainfranken GmbH* (VMM). VVM-Regularien: Infos zu Fahrradmitnahme & Co; 2021. https://www.vvm-info.de/home/fahrkarten-preise/reg ularien/regularien.jsp (01.07.2021)
40. *Flickr.* Berlin – Straßenbahn Flexity – Innenaufnahmen; 2012. https://www.flickr.com/photos/ingolfbln/7529056514/in/album-72157630482166530/ (13.12.2021)

Logistische Eignung der ÖPNV-Verkehrssysteme: Verkehrsträger Straße

3

Regionalbusse, Stadtbusse und konzessionierte Taxiverkehre sind ÖPNV-Verkehrssysteme, die dem KEP-Verkehrssystem auf der letzten Meile am meisten ähneln. Es wird hier wie dort ausschließlich der Verkehrsträger Straße genutzt, wobei den ÖPNV-Verkehrsmitteln einige Privilegien im öffentlichen Straßenraum gewährt werden, wie z. B. separate Busspuren[1] oder vom restlichen Verkehr baulich abgetrennte Trassen, zum Teil als Mischnutzung mit Straßenbahnen. Die Netzabdeckung von Buslinien ist von allen ÖPNV-Verkehrsmitteln mit Abstand am größten (vgl. Tab. 1.3). Dabei sind die Infrastrukturkosten zum Einrichten oder Ändern vorhandener Linien am geringsten, solange auf das vorhandene Straßennetz zurückgegriffen werden kann. Daher erscheint das ÖPNV-Verkehrssystem Bus äußerst attraktiv für eine Integration auf der Letzten Meile der KEP-Logistik.

ÖPNV-Infrastruktur der Bushaltestellen

Bushaltestellen sind im Linienverlauf ebenerdige Liegenschaften, mit direkter Straßenanbindung und stark eingeschränkten infrastrukturellen Potentialen zur Nutzung als Paketstation. Einen Sonderfall stellen Busbahnhöfe dar, hier sind je nach den örtlichen Gegebenheiten auch größere Flächen für eine logistische Nutzung verfügbar. Da der Streckenverlauf von Buslinien variabel gestaltet werden kann, ist bei einer gegebenen Lagegunst von KEP-Depots auch ein vollständiger Entfall des KEP-ÖPNV-Vorlaufs denkbar, indem der Bus direkt vor oder auf dem Betriebsgelände des KEP-Depots hält.

---

[1] Laut [1], „Bussonderfahrstreifen", Zeichen 245 in der Anlage 2 zu § 41 Absatz 1.

© Der/die Autor(en), exklusiv lizenziert durch Springer Fachmedien Wiesbaden GmbH, ein Teil von Springer Nature 2022
R. Bogdanski und C. Cailliau, *Kombinierter KEP-Verkehr mit öffentlichen Nahverkehrsmitteln,* essentials, https://doi.org/10.1007/978-3-658-37125-8_3

Beispiel KEP-Depot Bushaltestelle

KEP-Depot(s) [Fahrzeit Depot(s) zu Haltestelle via Kfz]	DPD in Münster (Depot 148) [1 min]
ÖPNV-Ausgangshaltestelle	Bushaltestelle Münster Dingbängerweg
Barrierefrei	Zugang ja, Bussteig ebenerdig (ggf. überwinden Höhe nötig falls Transport Wechselcontainer im Bus)
Denkbare ÖPNV-Zielhaltestelle [Fahrzeit]	• Stadtbus 15 – Münster Hbf [21 min, regulär alle 20 min, in Stoßzeiten öfter] • Stadtbus 16 – Münster Hbf [21 min, alle 20 min, in Stoßzeiten öfter] • Regio Bus NRW 552 Münster – Appelhülsen – Dülmen – Dülmen Bahnhof [1:03, sporadisch, z. B. 07:05, 07:07, 09:15 Uhr, Retour 15:51 und 17:41 Uhr]
Pro	In Richtung Münster zwei Linien, die genutzt werden können. Auch Münster Nord könnte mit den Linien 15 und 16 angefahren werden (Fahrtzeit 51 min bis Endhaltestelle Kinderhaus Brüningheide). In Richtung Dülmen, einer kleinen Mittelstadt mit rund 47.000 Einwohner/innen, verkehrt ebenfalls ein Bus Der Bus könnte ggf. direkt am Depot einen Zwischenhalt machen und einen Anhänger mitnehmen
Contra	Verbindung von und nach Dülmen hat in der Tagesmitte eine große zeitliche Lücke

◄

Klassische Bushaltestellen entlang der Linien müssen hinsichtlich der bekannten Bauformen im Detail danach analysiert werden, ob sie für den Kombinierten Verkehr geeignet sind. Eine Besonderheit des ÖPNV-Verkehrssystems Bus ist die Möglichkeit einer mit Straßenbahnen kombinierten Trassenführung in Mittellage des Verkehrsraums. Tab. 3.1 zeigt die möglichen Bauformen.

Für den Behälterumschlag sind Bushaltestellen mit Trassenführung in Mittellage nicht geeignet, wie die Bewertung der Kriterien in Tab. 3.2 zeigt.

Ein großer Vorteil des ÖPNV-Verkehrssystems Bus ist die sehr häufige Linienführung in Seitenlage auf dem äußersten rechten Fahrstreifen, die ein einfaches Halten von KEP-Fahrzeugen ermöglicht. Tab. 3.3 zeigt die möglichen Haltestellenformen für die Linienführung in Seitenlage auf.

Tab. 3.1 Formen von Bushaltestellen mit Trassenführung in Mittellage [2]

Lage des Wartebereichs	Beschreibung	Prinzipdarstellung
Insellage im Straßenraum	Wartebereich seitlich der Trasse (auch in Kombination mit Straßenbahnlinien) jeweils in Fahrtrichtung Richtungsfahrbahnen für den Kfz-Verkehr müssen überquert werden, in der Regel mit Fußgängerampeln gesichert	

Tab. 3.2 Erfüllung Eignungskriterien Bushaltestellen mit Trassenführung in Mittellage für den Behälterumschlag

Kriterium	Beschreibung	Wertigkeit	Wertigkeit
K1	Erreichbarkeit mit KEP-Fahrzeugen (Straßenanbindung): Ist gegeben, aber keine Haltemöglichkeit ohne Behinderung des Busverkehrs	Muss	😦
K2	Abstellmöglichkeit für KEP-Fahrzeuge (Transporter, Lastenräder, LEV): Ist nicht gegeben, keine Abstellmöglichkeit	Muss	😦
K3	Kurzer Laufweg vom KEP-Fahrzeug zum ÖPNV-Verkehrsmittel: Ist nicht gegeben	Kann	😦
K4	Barrierefreiheit (Wechsel von Ebenen per Aufzug): Nicht relevant, ebenerdige Liegenschaft	Muss	🙂
K5	Installationsmöglichkeit von Paketstationen: Ist nicht gegeben	Kann	😦
K6	Pufferfläche am Bahnsteig zum Zwischenlagern von Wechselcontainern: Ist in jedem Einzelfall zu ermitteln	Muss	

Tab. 3.3 Formen von Bushaltestellen mit Linienführung in Seitenlage [2]

Lage des Wartebereichs	Beschreibung	Prinzipdarstellung
Seitenlage am Straßenraum	Wartebereich am Fahrbahnrand jeweils in Fahrtrichtung; Kfz-Verkehr wartet hinter dem Bus oder überholt auf der Gegenfahrbahn	
	Wartebereich als Bucht (zurückverlegter Seitenraum) jeweils in Fahrtrichtung; Bus verlässt Fahrstreifen; Kfz-Verkehr kann auf dem Fahrstreifen überholen	
	Wartebereich als Kap (vorgezogener Seitenraum) jeweils in Fahrtrichtung; oft in Kombination mit Straßenbahnlinie Kfz-Verkehr wartet hinter dem Bus	
	Wartebereich seitlich einer separaten Trassenführung jeweils in Fahrtrichtung, oft in Kombination mit Straßenbahnlinie Richtungsfahrbahnen für den Kfz-Verkehr müssen nicht überquert werden	

Tab. 3.4 Erfüllung Eignungskriterien Bushaltestellen mit Wartebereich am Fahrbahnrand oder als Kap für den Behälterumschlag

Kriterium	Beschreibung	Wertigkeit	Bewertung
K1	Erreichbarkeit mit KEP-Fahrzeugen (Straßenanbindung): Ist gegeben, aber keine Haltemöglichkeit ohne Behinderung des Busverkehrs; für Lastenräder eingeschränkt gegeben (falls ein nicht auf der Richtungsfahrbahn gelegener Radweg vorhanden ist)	Muss	😐
K2	Abstellmöglichkeit für KEP-Fahrzeuge (Transporter, Lastenräder, LEV): Ist für motorisierte KEP-Transporter und LEV nicht gegeben, eingeschränkte Abstellmöglichkeit für Lastenräder	Muss	😐
K3	Kurzer Laufweg vom KEP-Fahrzeug zum ÖPNV-Verkehrsmittel: Ist gegeben für Lastenräder	Kann	😐
K4	Barrierefreiheit (Wechsel von Ebenen per Aufzug): Nicht relevant, ebenerdige Liegenschaft	Muss	🙂
K5	Installationsmöglichkeit von Paketstationen: Ist eingeschränkt gegeben	Kann	😐
K6	Pufferfläche am Bahnsteig zum Zwischenlagern von Wechselcontainern: Ist in jedem Einzelfall zu ermitteln	Muss	

Für den Behälterumschlag sind Bushaltestellen mit Linienführung in Seitenlage, je nach Ausführung des Wartebereichs, unterschiedlich gut geeignet, wie die Bewertung der Kriterien in Tab. 3.4 und 3.5 zeigt.

Tab. 3.5 Erfüllung Eignungskriterien Bushaltestellen mit Wartebereich als Bucht oder seitlich einer separaten Trassenführung für den Behälterumschlag

Kriterium	Beschreibung	Wertigkeit	Bewertung
K1	Erreichbarkeit mit KEP-Fahrzeugen (Straßenanbindung): Ist gegeben, bei ausreichender Größe der Bucht keine Behinderung des Busverkehrs; für Lastenräder auch gegeben (optimal, falls ein nicht auf der Richtungsfahrbahn gelegener Radweg vorhanden ist)	Muss	😐
K2	Abstellmöglichkeit für KEP-Fahrzeuge (Transporter, Lastenräder, LEV): Ist gegeben, bei ausreichender Größe der Bucht bzw. bei Haltemöglichkeit auf der Kfz-Fahrbahn	Muss	🙂
K3	Kurzer Laufweg vom KEP-Fahrzeug zum ÖPNV-Verkehrsmittel: Ist gegeben	Kann	🙂
K4	Barrierefreiheit (Wechsel von Ebenen per Aufzug): Nicht relevant, ebenerdige Liegenschaft	Muss	🙂
K5	Installationsmöglichkeit von Paketstationen: Ist eingeschränkt gegeben	Kann	😐
K6	Pufferfläche am Bahnsteig zum Zwischenlagern von Wechselcontainern: Ist in jedem Einzelfall zu ermitteln	Muss	

Zusammenfassend kann festgestellt werden

Bushaltestellen sind bei seitlicher Linienführung mit Wartebereich als Bucht am besten für den Behälterumschlag eines Kombinierten Verkehrs geeignet; Bushaltestellen mit Wartebereich am Fahrbahnrand oder als Kap sind nur bedingt geeignet. Bushaltestellen in Mittellage sind für den Behälterumschlag eines Kombinierten Verkehrs ungeeignet.

Interessant ist die Bewertung der Unfallsicherheit der Haltestellenformen, was mit den Überlegungen zur logistischen Eignung durchaus korreliert. Busbuchten werden als sehr sichere Haltestellenform eingestuft, Wartebereiche im Seitenraum sind generell den Haltestellenformen in

Mittellage vorzuziehen, weil Mittellagen deutliche höhere Unfallgefahren aufweisen [2].

Exkurs Haltestellenkonzept

Eine interessante Variante zur Integration des ÖPNV-Verkehrssystems Bus in die letzte Meile ist die Nutzung von Bushaltestellen für einen direkten Behälterumschlag von KEP-Fahrzeugen auf Lastenräder, das sog. „Haltestellenkonzept." Nicht alle Bauformen von Bushaltestellen sind dafür geeignet, ideal erscheint ein als Bucht ausgeprägte Wartebereich (vgl. Tab. 3.5). KEP-Fahrzeug und Lastenrad können sich für den Behälterumschlag in der Haltebucht treffen, während der übrige Verkehr ungehindert fließen kann (vgl.Abb. 3.1).

Voraussetzung ist jedoch, dass der Busverkehr beim Einfahren in die Haltebucht ebenfalls nicht behindert wird; die KEP-Fahrzeuge müssen die Haltebucht vor dem Eintreffen des nächsten Busses wieder verlassen haben. Hierzu sind innovative IT-Lösungen erforderlich, die die KEP-Fahrer/innen in Echtzeit über taktfreie Zeiten an der als Treffpunkt ausgewählten Bushaltestelle informieren. Gerade wenig frequentierte Bushaltestellen mit langen Taktzeiten erscheinen für ein solches Haltestellenkonzept gut geeignet. Durch eine passgenaue Mehrfachnutzung des knappen öffentlichen Raumes für den ÖPNV und den Behälterumschlag auf der Letzten Meile kann eine Nachhaltige

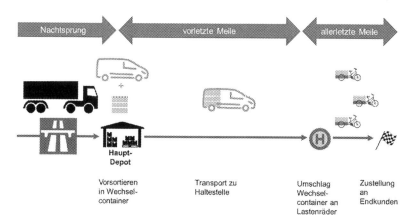

Abb. 3.1 Prinzipdarstellung Haltestellenkonzept

Stadtlogistik mit Lastenrädern gut unterstützt werden. Da in Zustellgebieten rund um solche Bushaltestellen keine 24/7-Nutzung von Stellflächen oder Immobilien als Mikrodepot für den Einsatz von Lastenrädern erforderlich ist, scheint das Haltestellenkonzept eine besonders effiziente Lösungsmöglichkeit im Methodenbaukasten einer Nachhaltigen Stadtlogistik zu sein [3].◄

ÖPNV-Verkehrsmittel: Busse

Die als Busse eingesetzten Kraftfahrzeuge sind mindestens 6 Jahre im Einsatz [4], teilweise aber auch deutlich länger. Moderne Niederflur-Busse kommen grundsätzlich für einen Transport von Wechselbehältern infrage. Wenn möglichst keine Vermischung von Personentransport und dem Transport von Wechselbehältern erfolgen soll, erscheinen aber auch moderne Niederflurbusse eher ungeeignet. Besondere Mehrzweckabteile gibt es in der Regel nicht, lediglich Bereiche ohne Sitzgruppen oder mit Klappsitzen mit sehr geringem Stellflächenangebot (vgl. Abb. 3.2), was zu Konfliktsituationen führen kann. So ist z. B. bei der BVG in Berlin, der MVG in München die Fahrradmitnahme in Bussen gänzlich untersagt [5, 6], andere Städte wie z. B. Augsburg lassen nur bestimmte Zeitfenster zu (9:00 Uhr bis 15:00 Uhr und ab 18:30 Uhr bis Betriebsende [7]). Wieder andere Verbünde wie z. B. der VGN in Nürnberg schränken zeitlich nicht ein, garantieren aber keine Fahrradmitnahme (vorrangige Beförderungen von Fahrgästen, Kinderwägen und Rollstühlen) [8].

Eine technische Alternative zum Transport von Wechselbehältern im Fahrgastraum von Bussen ist das Mitführen eines Lastenanhängers, was zur idealen Entkoppelung von Personen- und Gütertransport führt. Zu beachten sind dabei die Herstellerfreigaben für den Anhängerbetrieb und die maximal zulässigen Fahrzeuglängen gemäß Straßenverkehrszulassungsordnung (StVZO). Gemäß §32 der StVZO beträgt die höchstzulässige Länge von Fahrzeugkombinationen, die aus einem Kraftomnibus und einem Anhänger bestehen, maximal 18,75 m. Da im gleichen Paragraphen die höchstzulässige Länge bei Kraftomnibussen, die als Gelenkfahrzeug ausgebildet sind, ebenfalls auf 18,75 m begrenzt ist und die Hersteller von Gelenkbussen diese Länge auch ausnutzen, scheiden Gelenkbusse als Zugfahrzeuge von Lastenanhängern aus (im Übrigen wären z. B. Bushaltestellen mit Wartebereich als Bucht für noch längere Fahrzeugkombinationen baulich ohnehin nicht ausgelegt). Solobusse könnten im Rahmen der gesetzlichen Längenvorgabe problemlos einen Lastenanhänger mitführen; in touristisch geprägten Regionen ist z. B. ein Transport von Fahrrädern mit Linienbus-Anhängern durchaus üblich [10]. Eine Investition in Anhängerzugvorrichtungen am Bus und in Lastenanhänger für Wechselbehälter erscheint niederschwellig im Vergleich zur Umrüstung von Schienenfahrzeugen, z. B. zur Cargo-Tram.

Abb. 3.2 Innenraum eines MAN Lion's City [9]

Auslastung und Taktung in KEP-relevanten Zeitfenstern
Die Ausführungen zu den erforderlichen Zeitfenstern des Kombinierten Verkehrs und der Auslastung im Tagesgang gelten für Busse entsprechend. Busse verkehren in der Regel mit kurzen Taktzeiten von wenigen Minuten bis 20 min. Damit erweist sich ein ÖPNV-Hauptlauf gerade im Zeitfenster hoher Auslastung als relativ flexibel. Allerdings stellt der generelle Ausschluss der Sperrgut-/Fahrradmitnahme in Bussen bzw. der temporäre Ausschluss in gewissen Zeitfenstern einen kritischen Erfolgsfaktor bzw. Hinderungsgrund dar. Abhilfe könnte in diesen Fällen das Mitführen von Lastenanhängern schaffen, zumindest, wenn auf der Buslinie Solobusse eingesetzt werden.

Zusammenfassend kann festgestellt werden
Busse sind für eine Integration auf der letzten Meile aufgrund der variablen Streckenführung und der direkt im Straßenraum befindlichen Haltestellen prinzipiell gut für den innerstädtischen Kombinierten Verkehr geeignet.

KEP-Depots könnten direkt von Bussen angefahren werden, wodurch der KEP-ÖPNV-Vorlauf entfällt. Allerdings ist das Fehlen von Mehrzweckabteilen in Bussen bei einem gleichzeitig geringen Platzangebot an Stellflächen für den Transport von Wechselbehältern problematisch, da Konflikte mit dem Personentransport vorhersehbar sind. Alternativ kann bei Solobussen ein mitgeführter Lastenanhänger die ideale Lösung darstellen. Insbesondere Bushaltestellen mit Wartebuchten können zwischen Takten mit dem „Haltestellenkonzept" auch für einen direkten Behälterumschlag von KEP-Fahrzeugen auf Lastenräder genutzt werden. Infolge relativ kurzer Taktzeiten ist der ÖPNV-Hauptlauf flexibel. Der Ausschluss einer Sperrgutbeförderung in den KEP-Zeitfenstern könnten den Transport von Wechselbehältern mit Bussen unattraktiv machen.

Literatur

1. Straßenverkehrs-Ordnung: StVO; 2013
2. *Berger R, Medicus M, Schmotz M et al.* Verkehrssicherheit an Haltestellen des ÖPNV. Berlin; 2020
3. *Bogdanski R, Hrsg.* Nachhaltige Stadtlogistik: Warum das Lastenfahrrad die letzte Meile gewinnt. München: Huss; 2019
4. *Bundesfinanzministerium.* AfA-Tabelle für den Wirtschaftszweig „Personen- und Güterbeförderung (im Straßen- und Schienenverkehr)": Fassung vom 26.01.1998; 1998. https://www.bundesfinanzministerium.de/Content/DE/Standardartikel/Themen/Steuern/Weitere_Steuerthemen/Betriebspruefung/AfA-Tabellen/AfA-Tabelle_Pers onen-und-Gueterbefoerderung.html (01.07.2021)
5. *Muenchen.de.* Darf ich mein Fahrrad mit in U-Bahn und S-Bahn nehmen? München; 2021. https://www.muenchen.de/verkehr/fahrrad/fahrradmitnahme.html (01.07.2021)
6. *berlin.de.* Mit dem Fahrrad S- und U-Bahn nutzen. Berlin; 2021. https://www.berlin.de/tourismus/fahrradtouren/2012604-1740418-mit-dem-fahrrad-s-und-ubahn-nutzen.html (01.07.2021)
7. *Stadtwerke Augsburg Holding GmbH* (SWA). Fahrradmitnahme in Combino-, CityFlex-Straßenbahnen und Mercedes Citaro Bussen; 2021. https://www.sw-augsburg.de/mobili taet/swa-bus-tram/fahrradmitnahme/ (01.07.2021)
8. *Verkehrsverbund Großraum Nürnberg* (VGN). Sie fahren Ihre Radtour. Den Rest fahren wir. Nürnberg; 2021. https://www.vgn.de/ratgeber/fahrrad/ (01.07.2021)
9. MAN ND313 Lion,s City DD, #3537, Berliner Verkehrsbetriebe (BVG); 2016. https://www.flickr.com/photos/129661548@N06/26367979793 (13.12.2021)

10. *Frietsch M*. Bus zwischen Freiburg und Titisee bietet 20 Plätze für Fahrräder. Freiburg; 2018. https://www.badische-zeitung.de/bus-zwischen-freiburg-und-titisee-bietet-20-pla etze-fuer-fahrraeder--151957023.htm (01.07.2021)

Fazit und Schlusswort

4

In dieser Publikation wurde erstmalig der Frage ganzheitlich nachgegangen, ob eine Integration von ÖPNV-Verkehrssystemen in die KEP-Logistik der ersten und letzten Meile logistisch realisierbar ist und welche Handlungsfelder sich daraus ergeben. Es handelt sich um eine innovative Sonderform des Kombinierten Verkehrs, der Stand heute nur im Güterfernverkehr zur Anwendung kommt. Der Weg bis zur Realisierung erscheint lang, denn es müssen viele Akteure einbezogen werden: Verkehrsunternehmen, ÖPNV-Aufgabenträger, KEP-Unternehmen sowie Infrastruktureigner wie Kommunen und die DB AG. Ein Mischbetrieb von Personen- und Güterbeförderung unter Nutzung der vorhandenen ÖPNV-Kapazitäten in Nebenzeiten wird als zielführend angesehen, wobei der originäre ÖPNV-Auftrag (Personentransport) immer Vorrang haben muss. Die unterschiedliche logistische Eignung der relevanten öffentlichen Verkehrsmittel wurde betrachtet und ein Kriterienkatalog zur Bewertung der logistischen Eignung von Bahnhöfen und Haltestellen vorgestellt. Standardisierte Wechselbehälter sind ein kritischer Erfolgsfaktor für das Gelingen einer KEP-ÖPNV-Integration, inklusive einer einheitlichen Passung zu den ÖPNV-Verkehrsmitteln, den marktgängigen Lastenrädern und der Anlagentechnik in den KEP-Depots. Größtmögliche Ökoeffizienz wird das Konzept nur bei kurzen KEP-ÖPNV-Vorläufen und möglichst langen ÖPNV-Hauptläufen in Direktverbindungen erzielen, was eine Sinnhaftigkeit in großflächigen Ballungsräumen noch vor den Innenstädten ergibt. Entscheidend für den künftigen Erfolg des Konzeptes ist neben der Lagegunst von KEP-Depots und geeigneten Zustellgebieten bezüglich der ÖPNV-Netze auch die unterschiedliche logistische Eignung der ÖPNV-Verkehrssysteme und Haltestellen-Infrastrukturen. Insgesamt besteht ein großer Forschungs- und Regelungsbedarf für dieses vielversprechende Konzept.

R. Bogdanski und C. Cailliau, *Kombinierter KEP-Verkehr mit öffentlichen Nahverkehrsmitteln,* essentials, https://doi.org/10.1007/978-3-658-37125-8_4

Was Sie aus diesem *essential* mitnehmen können

- Eine gemischte Personen- und Güterbeförderung im ÖPNV erfüllt das Vorsorgeprinzip nachhaltiger kommunaler Wirtschaftsverkehre und hilft, konventionelle KEP-Verkehre auf der ersten und letzten Meile zu reduzieren.
- Es handelt sich um eine innovative Sonderform des kombinierten Verkehrs, die standardisierte Wechselbehälter voraussetzt.
- Die ÖPNV-Verkehrssysteme sind logistisch unterschiedlich gut für den kombinierten Verkehr geeignet und müssen nach einem Kriterienkatalog bewertet werden.
- Die Lagegunst der KEP-Depots und Zustellgebiete in den ÖPNV-Netzen ist ein kritischer Erfolgsfaktor des Konzeptes; kurze KEP-ÖPNV-Vorläufe und lange ÖPNV-Hauptläufe sind attraktiv.
- Vorrang der Personenbeförderung und Sicherheit der Fahrgäste (Ladungssicherung) sind weitere kritische Erfolgsfaktoren.

Literatur

1. Albtal Verkehrs Gesellschaft mbH (AVG). Güterverkehr: Verlässlicher Partner auf der Schiene. Karlsruhe; 2021. https://www.avg.info/geschaeftskunden/gueterverkehr.html (30.06.2021)
2. Ammoser H, Hoppe M. Glossar Verkehrswesen und Verkehrswissenschaften: Definitionen und Erläuterungen zu Begriffen des Transport- und Nachrichtenwesens. Dresden: Inst. für Wirtschaft und Verkehr; 2006
3. Berger R, Medicus M, Schmotz M et al. Verkehrssicherheit an Haltestellen des ÖPNV. Berlin; 2020
4. berlin.de. Mit dem Fahrrad S- und U-Bahn nutzen. Berlin; 2021. https://www.berlin.de/tourismus/fahrradtouren/2012604-1740418-mit-dem-fahrrad-s-und-ubahn-nutzen.html (01.07.2021)
5. berlin.de. U-Bahn: Linien, Fahrpläne und Fahrpreise der U-Bahn in Berlin; 2021. https://www.berlin.de/tourismus/infos/nahverkehr/1742343-1721041-ubahn.html (13.12.2021)
6. BMVI. Runder Tisch „Warentransport via ÖPNV – Verkehr vor Ort entlasten und Klima schützen". Berlin; 2021. https://www.bmvi.de/SharedDocs/DE/Artikel/G/warentransport-via-oepnv.html (13.12.2021)
7. Bogdanski R, Cailliau C. Untersuchung zur Nutzung von öffentlichen Nahverkehrssystemen für den Pakettransport auf der letzten Meile: Kurzstudie im Auftrag des Bundesverbandes Paket und Expresslogistik e. V. Berlin; 2022
8. Bogdanski R, Hrsg. Nachhaltige Stadtlogistik: Warum das Lastenfahrrad die letzte Meile gewinnt. München: Huss; 2019
9. Bogdanski R. Die Zukunft der Stadtlogistik ist nachhaltig. In: Bogdanski R (Hrsg.): Nachhaltige Stadtlogistik: Warum das Lastenfahrrad die letzte Meile gewinnt. München: Huss; 2019: 27–58
10. Bogdanski R. Nachhaltige Stadtlogistik durch Kurier-Express-Paketdienste: Studie über die Möglichkeiten und notwendigen Rahmenbedingungen am Beispiel der Städte Nürnberg und Frankfurt am Main. Berlin; 2015
11. Bogdanski R. Quantitative Untersuchung der konsolidierten Zustellung auf der letzten Meile: am Beispiel zweier KEP-Unternehmen in den Städten Nürnberg und München; 2019

12. Bormann R. Neuordnung der Finanzierung des Öffentlichen Personennahverkehrs: Bündelung, Subsidiarität und Anreize für ein zukunftsfähiges Angebot. Bonn: Friedrich-Ebert-Stiftung Abt. Wirtschafts- und Sozialpolitik; 2010

13. Bruns H. Noch sind 32 Berliner U-Bahn- und sieben S-Bahnstationen nicht barrierefrei. B.Z. Online 2021

14. Bundesarbeitsgemeinschaft ÖPNV der kommunalen Spitzenverbände. Vollständige Barrierefreiheit im ÖPNV: Hinweise für die ÖPNV-Aufgabenträger zum Umgang mit der Zielbestimmung des novellierten PBefG; 2014

15. Bundesfinanzministerium. AfA-Tabelle für den Wirtschaftszweig „Personen- und Güterbeförderung (im Straßen- und Schienenverkehr)": Fassung vom 26.01.1998; 1998. https://www.bundesfinanzministerium.de/Content/DE/Standardartikel/Themen/Steuern/Weitere_Steuerthemen/Betriebspruefung/AfA-Tabellen/AfA-Tabelle_Personen-und-Gueterbefoerderung.html (01.07.2021)

16. Bundesministerium für Verkehr und digitale Infrastruktur (BMVI). Personenbeförderungsgesetz: PBefG; 1961

17. DB Regio AG. Barrierefreiheit mit der DB Regio. Berlin; 2021. https://www.dbregio.de/verantwortung/barrierefreiheit (06.07.2021)

18. DB Station&Service AG. bahnhof.de. Berlin; 2021. https://www.bahnhof.de/bahnhof-de (06.07.2021)

19. DB Station&Service AG. Smart City I DB: Smart Locker. Berlin; 2021. https://smartcity.db.de/#smart-locker (06.07.2021)

20. Deutsche Bahn AG. Deutsche Bahn Integrierter Bericht 2019: Deutschland braucht eine starke Schiene. Berlin; 2019

21. Deutsche Bahn AG. Die Deutsche Bahn AG in Niederbayern: Zahlen, Daten und Fakten zur Deutschen Bahn in Niederbayern; 2021. https://www.deutschebahn.com/pr-muenchen-de/hintergrund/die_db_in_der_region/db_in_Niederbayern-1329238 (06.07.2021)

22. Dorsch M. Öffentlicher Personennahverkehr: Grundlagen und 25 Fallstudien mit Lösungen. München: UVK Verlag; 2019

23. Flickr. Berlin – Straßenbahn Flexity – Innenaufnahmen; 2012. https://www.flickr.com/photos/ingolfbln/7529056514/in/album-72157630482166530/ (13.12.2021)

24. Franck-Areal als Mikrodepot für Paketdienstleister – Pakete kommen mit dem Lastenrad. Ludwigsburger Kreiszeitung 2021

25. Frietsch M. Bus zwischen Freiburg und Titisee bietet 20 Plätze für Fahrräder. Freiburg; 2018. https://www.badische-zeitung.de/bus-zwischen-freiburg-und-titisee-bietet-20-plaetze-fuer-fahrraeder--151957023.htm (01.07.2021)

26. Gernant E, Seelbach B, Dungs J et al. Intermodale Logistikkette im urbanen Raum: Wie der Einsatz standardisierter Container die „letzte Meile" optimiert; 2021

27. Gesetz zur Gleichstellung von Menschen mit Behinderungen: BGG; 2002

28. Gesetz zur Regionalisierung des öffentlichen Personennahverkehrs: RegG; 1993

29. Grüner S. Cargo Tram: VW beendet Belieferung per Straßenbahn – Golem.de. Golem.de 2020

30. hamburg.de. Barrierefreier Ausbau der U-Bahn-Stationen; 2020. https://www.hamburg.de/bus-bahn/2845540/barrierefreier-ausbau-u-bahn-stationen/ (01.07.2021)

31. hamburg.de. HVV Fahrradmitnahme Hamburg; 2021. https://www.hamburg.de/services-rund-ums-fahrrad/2183410/hvv-fahrradmitnahme/ (01.07.2021)

32. Hasselmann J. Diese Fahrt endet hier – nach 45 Jahren: Berlin verabschiedet sich von den tschechischen Tatra-Trams. Tagesspiegel Online 2021
33. Hermes Newsroom. Letzte Meile: Lieferung per Straßenbahn – eine praktikable Lösung für die nachhaltige Stadtlogistik? | Hermes Newsroom; 2019. https://newsroom.hermes world.com/letzte-meile-lieferung-per-strassenbahn-eine-praktikable-loesung-fuer-die-nachhaltige-stadtlogistik-17327/ (12.05.2021)
34. 35. Hütter A. Verkehr auf einen Blick. Wiesbaden: Statistisches Bundesamt; 2013
35. Île-de-France Mobilités. Financements. Paris; 2020. https://www.iledefrance-mobilites. fr/decouvrir/financements (09.06.2021)
36. Initiative Mobiles Hessen 2030. Weniger Lieferverkehr durch Güter-Tram – Land fördert Versuch in Frankfurt: Mit weiteren 136.000 € beteiligt sich Hessen an der Erprobung einer Güter-Straßenbahn in Frankfurt. Wiesbaden; 2021. https://www.mobileshe ssen2030.de/Nachrichten/37282 (01.07.2021)
37. Institut des Politiques Publiques. Versement Transport (VT). Paris; 2021. https://www. ipp.eu/baremes-ipp/prelevements-sociaux/1/autres_taxes_participations_assises_salaire s/vt/ (09.06.2021)
38. Kaden C. KoMoDo – Kooperative Nutzung von Mikro-Depots durch die KEP-Branche für den nachhaltigen Einsatz von Lastenrädern in Berlin; 2020. https://nationaler-radverkehrsplan.de/de/praxis/komodo-kooperative-nutzung-von-mikro-depots-durch (19.05.2021)
39. Klein N. Stadtbahnsysteme und ihre Einsatzgrenzen. Aachen: Selbstverl. am Inst. für Stadtbauwesen RWTH Aachen; 1978
40. Maier S. Fahrräder in S-Bahnen in der Region Stuttgart: Kampf um die Sitzplätze im Mehrzweckabteil. Stuttgarter Nachrichten 2017
41. MAN ND313 Lion,s City DD, #3537, Berliner Verkehrsbetriebe (BVG); 2016. https:// www.flickr.com/photos/129661548@N06/26367979793 (13.12.2021)
42. Muenchen.de. Darf ich mein Fahrrad mit in U-Bahn und S-Bahn nehmen? München; 2021. https://www.muenchen.de/verkehr/fahrrad/fahrradmitnahme.html (01.07.2021)
43. Münchner Verkehrs- und Tarifverbund GmbH (MVV). Barrierefreies Fahren: München barrierefrei erleben; 2021. https://www.mvv-muenchen.de/service/weitere-mobilitaetsa ngebote/barrierefreies-fahren/index.html (25.05.2021)
44. Neumann P. Cargo Tram in Berlin: BVG testet Gütertransport in der Straßenbahn. Berliner Zeitung 2021
45. Oelmann W. Die Dresdner Güterstraßenbahn – Ein System für alle Fälle?; 2018. https:// www.dvb.de/~/media/files/die-dvb/dvb-vortrag-cargotram.pdf (12.05.2021)
46. Reichel J. KIT erprobt Cargo-Tram für Pakete. VISION mobility 2021
47. S-Bahn Berlin GmbH. Barrierefrei mit der S-Bahn unterwegs: Wir bieten ein großes Spektrum an Hilfen, um allen Fahrgästen eine barrierefreie Nutzung der Bahnhöfe und Züge zu ermöglichen. Berlin; 2021. https://sbahn.berlin/fahren/bahnhofsuebersicht/bar rierefrei-unterwegs/ (06.07.2021)
48. Schocke K-O, Schäfer P, Höhl S, Gilbert A. Abschlussbericht LastMileTram: Empirische Forschung zum Einsatz einer Güterstraßenbahn am Beispiel Frankfurt am Main. Frankfurt am Main; 2020
49. Schwedes O, Hrsg. Verkehrspolitik: Eine interdisziplinäre Einführung. Wiesbaden: VS Verl. für Sozialwiss; 2011

50. Springer C. Dresden: VW beendet Ära der Cargo-Tram in Dresden. Sächsische Zeitung 2020

51. Stadt Wien. Dienstgeberabgabe; 2011. https://www.wien.gv.at/amtshelfer/finanzielles/rechnungswesen/abgaben/dienstgeberabgabe.html (09.06.2021)

52. Stadtwerke Augsburg Holding GmbH (SWA). Fahrradmitnahme in Combino-, CityFlex-Straßenbahnen und Mercedes Citaro Bussen; 2021. https://www.sw-augsburg.de/mobili taet/swa-bus-tram/fahrradmitnahme/ (01.07.2021)

53. Statista. Streckenlänge der größten U-Bahnnetze in Deutschland 2018; 2020. https://de.statista.com/statistik/daten/studie/892720/umfrage/streckenlaenge-der-groessten-u-bah nnetze-in-deutschland/ (01.07.2021)

54. strassenbahn-hamburg.de. Stadtbahn am Ende: Planfeststellungsverfahren gestoppt; 2011. https://archive.ph/20120919092430/http://www.strassenbahn-hamburg.de/akt uelle-meldungen/2011-05-10-stadtbahn-am-ende-planfeststellungsverfahren-gestoppt (01.07.2021)

55. Straßenverkehrs-Ordnung: StVO; 2013

56. Unions de Recouvrement des Cotisations de Sécurité Sociale et d'Allocations Familiales (URSAFF). Versement mobilité. Paris; 2021. https://www.urssaf.fr/portail/home/taux-et-baremes/versement-mobilite.html (09.06.2021)

57. Verband Deutscher Verkehrsunternehmen (VDV). Daten & Fakten zum Personen- und Schienengüterverkehr; 2021. https://www.vdv.de/daten-fakten.aspx (09.06.2021)

58. Verband Deutscher Verkehrsunternehmen (VDV). Der Straßenbahner – Handbuch für U-Bahn, Stadt- und Straßenbahner. Köln: Beka – Einkaufs- und Wirtschaftsgesellschaft für Verkehrsunternehmen; 2001

59. Verband Deutscher Verkehrsunternehmen (VDV). Fördermittel für den öffentlichen Verkehr. Köln; 2017

60. Verband Deutscher Verkehrsunternehmen (VDV). VDV-Statistik 2019. Köln; 2019

61. Verkehrs-Aktiengesellschaft Nürnberg (VAG). Barrierefreies Fahren: Mobil mit Rollstuhl und Kinderwagen. Nürnberg; 2021. https://www.vag.de/mobilitaet-fuer-alle/mit-rollstuhl-und-kinderwagen/ (06.07.2021)

62. Verkehrsunternehmens-Verbund Mainfranken GmbH (VMM). VVM-Regularien: Infos zu Fahrradmitnahme & Co; 2021. https://www.vvm-info.de/home/fahrkarten-preise/reg ularien/regularien.jsp (01.07.2021)

63. Verkehrsverbund Großraum Nürnberg (VGN). Bedingungen für die Mitnahme von Fahrrädern in Verkehrsmitteln des VGN. Nürnberg; 2021. https://www.vgn.de/produkte/gem einschaftstarif/kapitel/05/ (01.07.2021)

64. Verkehrsverbund Großraum Nürnberg (VGN). Sie fahren Ihre Radtour. Den Rest fahren wir. Nürnberg; 2021. https://www.vgn.de/ratgeber/fahrrad/ (01.07.2021)

65. Wikimedia Commons. DT3 733/734, innen; 2012. https://commons.wikimedia.org/wiki/File:I08_583e_DT3_733-734,_innen.jpg (13.12.2021)

66. Wikimedia Commons. Ein modernisierter Triebwagen der Baureihe 474 mit Durchgängen, Mehrzweckabteil und Fahrgastinformationssystem; 2019. https://commons.wikime dia.org/wiki/File:Modernisierter_474.3_von_innen.jpg (13.12.2021)

67. Zweckverband Stadt-Umland-Bahn Nürnberg – Erlangen – Herzogenaurach. Stadt-Umland-Bahn | Nürnberg – Erlangen – Herzogenaurach. Erlangen; 2021. https://stadtu mlandbahn.de/ (06.07.2021)

Zum Weiterlesen

68. Bogdanski R, Cailliau C. *KEP und ÖPNV: Chance für die letzte Meile? Untersuchung zur Nutzung von öffentlichen Nahverkehrssystemen für den Pakettransport auf der letzten Meile. Kurzstudie im Auftrag des Bundesverbandes Paket und Expresslogistik e. V. (BIEK).* Berlin; 2022

Printed in the United States
by Baker & Taylor Publisher Services